LE JUBILÉ SACERDOTAL

DE

MONSIEUR LE CHANOINE PLY

Curé de Saint-Martin de Laon

1859 — 9 Octobre — 1909

LAON
Imprimerie du *Journal de l'Aisne*, 22, rue Sérurier.

1909.

LE

JUBILÉ SACERDOTAL

DE

MONSIEUR LE CHANOINE PLY

Laon. Imp^ie du Journal de l'Aisne

LE

JUBILÉ SACERDOTAL

DE

Monsieur le Chanoine PLY

Curé de Saint-Martin de Laon

1859 — 9 Octobre — 1909.

LAON
Imprimerie du *Journal de l'Aisne*, 22, rue Sérurier.

1909.

✝

HIPPOLYTE-JOSEPH-GUSTAVE PLY,

Né à Flavy-le-Martel, le 13 Juin 1836,

Baptisé le 17 Juin 1836,

A fait sa Première Communion, le 24 Juin 1848,

A été Confirmé le même jour, par Mgr de Garsignies,

Ordonné Prêtre, le 9 Octobre 1859, par Mgr de Garsignies,

Vicaire de la Cathédrale de Soissons, le 10 Octobre 1859,

Nommé Curé d'Essigny-le-Grand, le 24 Août 1871, par Mgr Dours,

Chanoine Honoraire de Blois, le 20 Décembre 1882, par Mgr Laborde,

Curé de Saint-Martin de Laon, le 24 Juillet 1887, par Mgr Thibaudier,

Chanoine-Docteur de Tarse, le 23 Décembre 1888, par Mgr Garabed Aslanian,

Chanoine Honoraire de Soissons, le 31 Décembre 1894, par Mgr Duval,

Chapelain d'Honneur de N.-D. de Lorette, le 15 Novembre 1901, par Mgr Guillaume Giustini.

Le 9 octobre 1909, malgré les occupations et préoccupations du samedi, toutes les personnes pieuses de la paroisse de Saint-Martin s'approchaient de la Sainte Table. On a raconté, qu'à Essigny-le-Grand les communions avaient été, ce jour-là, plus nombreuses qu'à l'ordinaire. Quelle était donc la fête qui se célébrait, au même jour et à la même heure, dans ces deux paroisses, qui n'ont, ni l'une ni l'autre, saint Denis pour patron ?

Quelques heures plus tard, à midi, les belles cloches de Saint-Martin sonnaient leurs plus joyeuses volées, et envoyaient aux quatre coins de la ville leurs majestueux accords, comme aux fêtes les plus solennelles.

A l'intérieur de l'église, les oriflammes pendaient des colonnes de la nef et du chœur; les plantes vertes s'accumulaient aux abords du sanctuaire paré de ses plus beaux ornements ; les autels, surtout le principal, surmonté d'un immense velum, se garnissaient des fleurs les plus variées et les plus riches de la saison, sous une habile direction et avec le concours de bonnes volon és. Sur les panneaux des boiseries du chœur, des écussons ressortaient, portant les dates de : Soissons 1859-1871, Essigny-le-Grand 1871-1887, Saint-Martin de Laon 1887..., ce dernier ayant pour pendant cette devise : « Que Dieu nous le garde ! » Enfin un trône pontifical s'élevait du côté de l'évangile, en face du fauteuil du célébrant, et autour de l'un et de l'autre on voyait des sièges nombreux qui annonçaient une certaine affluence de clergé pour le lendemain.

Et les étrangers, qui venaient visiter l'église, demandaient aux personnes qu'ils pouvaient aborder : Quelle est donc cette fête ? — La fête de Monsieur le Curé, répondait-on, tout en courant et sans se laisser interroger davantage.

En effet, ce fut bien la fête de Monsieur le Curé ; mais ce fut celle aussi de ses paroissiens qui l'avaient voulue et à laquelle ils ont pris part, avec quel empressement ! on s'en souviendra longtemps.

Le 9 octobre 1859, dans la chapelle du Grand-Séminaire de Soissons, hélas ! aujourd'hui profanée, Mgr de Garsignies imposait les mains et donnait l'onction sacerdotale à quatre lévites que leur âge ou d'autres causes n'avaient pas permis d'ordonner à la Trinité. De ce nombre, était M. l'abbé Hippolyte-Joseph Ply, déjà nommé vicaire de la Cathédrale de Soissons ; et, le lendemain, le jeune prêtre inaugurait son ministère, dès 6 heures du matin, en disant *la* première messe, qui était *sa* première.

De cette date on s'est souvenu à Saint-Martin, on s'est souvenu à Essigny-le-Grand, d'où M. le chanoine Ply nous est venu, après seize ans d'un ministère de zèle et de dévoûment. Ce souvenir éveilla, dans la paroisse à la tête de laquelle la Divine Providence l'a placé depuis vingt-deux ans, le désir de célébrer par une fête de famille, le cinquantième anniversaire de son ordination et de ses débuts dans la carrière pastorale.

On ne pouvait rien entreprendre, sans avoir au moins le consentement du vénérable jubilaire. Mais dès qu'on lui parla de ce désir et de ce projet, il y fit opposition, se jugeant indigne d'une manifestation quelconque qui, selon lui, se réduirait à un échec. Il ignorait de quelle estime et de quelle affection il était l'objet de la part de ses paroissiens. Il a fallu — pourquoi ne pas le dire ? — l'avis conforme de l'autorité épiscopale, à laquelle il a toujours montré la plus filiale soumission, pour venir à bout de sa résistance. S'il s'est laissé faire, son acquiescement ne fut point sans mérite. Ses confrères l'engageant à se rendre aux vœux de tous, il leur répondait : « Vous voulez donc faire un four ! — Mais non, mais non. — Alors vous voulez chanter les vigiles des morts par anticipation ! »

Le jubilé de M. le chanoine Ply ne fut rien de tout cela ; mais bien, pour le trop modeste curé, un triomphe, et, pour le sacerdoce, une apothéose. Chose d'autant plus remarquable que le clergé n'est plus rien dans la France officielle, et que tous les moyens sont employés pour lui enlever son ancienne influence et son antique prestige !

Le *Journal de l'Aisne*, auquel nous nous permettrons de faire de copieux emprunts, au cours de cette notice, avait sous ce titre : LE JUBILÉ DE M. LE CHANOINE PLY, CURÉ DE SAINT-MARTIN, annoncé à ses lecteurs la fête dont nous essayons de rendre compte. Il avait dit avec quelle grâce souriante avait été reçue partout la visite de M. le Vicaire, dont le zèle, en cette circonstance comme en toutes les autres, est au-dessus de tout éloge. Il avait signalé cette modeste et très touchante offrande de vingt-cinq centimes, envoyée par une pauvre concierge, avec cette suscription : *Pour les noces d'or de M. le Curé.*

Il avait annoncé que la paroisse de Saint-Martin se préparait à fêter, avec une joyeuse solennité, le jubilé sacerdotal de son vénéré curé, Monsieur le chanoine Ply. Il avait fait connaître la généreuse distribution de bons de pain et de viande discrètement parvenue aux pauvres de la paroisse de la part du jubilaire, qui voulut, pour eux, marquer ce beau jour de l'or de sa charité. Enfin, le *Journal de l'Aisne* avait annoncé que le samedi, dans la soirée, il serait fait hommage à M. Ply des souvenirs qui, à l'occasion de ses noces d'or, lui étaient offerts par des confrères dans le sacerdoce, par ses paroissiens de Laon, par ses anciens paroissiens d'Essigny-le-Grand.

En effet, à l'heure indiquée, Mesdames Cortilliot, Couturier-Floquet, de Boucheman, Delacour, Macon-Macon, précieuses auxiliaires du clergé pour les œuvres chrétiennes, Mesdemoiselles M. Frisch, décoratrice aussi zélée qu'habile de l'église paroissiale, M. Leturcq, représentant la paroisse d'Essigny ; MM. les abbés Boitelle, prêtre en retraite, du cours de M. le curé ; Luzurier, aumônier de l'Hôpital de Laon, condisciple du jubilaire ; Desaint, vicaire de Saint-Martin ; MM. l'abbé Poiret, aumônier de l'Hôtel-Dieu ; l'abbé Gérin, aumônier de Montreuil ; le docteur Macon, Bouré, membres du Conseil de contrôle et enfin M. Cortilliot, membre du Comité de l'École libre, s'étaient rendus au presbytère, pour cette cérémonie tout intime et nous dirons familiale. Cette simplicité même l'a rendue plus touchante encore.

Sur une table, étaient exposés les cadeaux destinés à perpétuer, moins encore dans la mémoire que dans le cœur du vénéré Prêtre, le souvenir de cette pieuse solennité.

Voici d'abord une aube de dentelle renaissance et un cordon d'aube, soie et or, offerts par le clergé de Saint-Martin et les prêtres y résidant.

Puis, c'est une étole pastorale de l'exécution la plus parfaite, offerte par la personne qui l'a brodée et montée au prix d'un long labeur.

C'est un magnifique calice de vermeil, enrichi de fins émaux et portant au pied une inscription qui dit à qui, par qui, à quelle date et à quelle occasion il fut offert ; et c'est le cadeau des paroissiens de Saint-Martin à leur bien-aimé pasteur. Il sort de la maison Leroux de Paris, il est de style roman, de bon goût et digne en un mot de la paroisse et de l'artiste auquel il est destiné.

C'est enfin un splendide missel, édition Mame, dont toutes les pages sont encadrées de délicates gravures, ornées de lettrines historiées, et dont la reliure en plein maroquin rouge se relève de dorures au petit fer. Sur la page de garde, une calligraphie gothique porte que ce livre est le souvenir de la paroisse d'Essigny-le-Grand à son ancien curé.

Nous allions oublier un très beau bouquet de fleurs blanches discrètement offert par deux aimables voisines, la mère et la fille.

Quelques-uns, dit la *Semaine religieuse*, avaient pensé offrir une œuvre d'art de très beau prix. On s'est dit que M. le Curé de Saint-Martin préférerait certainement des objets qui serviraient toujours, même après lui, au culte du Souverain Maître auquel il a voué toute sa vie.

Donc on admire les objets exposés, et le vaillant jubilaire n'est pas le dernier à en apprécier la valeur, tout en savourant les sentiments qu'ils représentent.

M. Cortilliot avait été chargé de se faire, auprès de M. le chanoine Ply, l'interprète de la paroisse tout entière, pour lui présenter les vœux sincères de tous et leurs respectueux hommages. On ne pouvait mieux choisir assurément, et nul n'était, quoiqu'il en pense, plus qualifié que lui pour dire les travaux, le zèle, le dévouement et la grande bonté du prêtre que l'on voulait honorer.

Voici en quels termes, il s'acquitta de son mandat :

MONSIEUR LE CHANOINE,

On m'a demandé de me faire aujourd'hui, auprès de vous, l'interprète de votre paroisse tout entière, et de vous apporter ses vœux sincères et respectueux à l'occasion de votre Jubilé sacerdotal. Si d'autres qui, depuis plus longtemps vous ont vu à l'œuvre, qui savent ce que vous avez donné ici, de votre travail, de votre zèle, de votre dévouement, de votre charité et de votre cœur, semblaient mieux désignés que moi pour parler au nom de tous, personne, je vous l'assure, ne l'eût fait avec une conviction plus profonde de tout ce qui vous est dû de respect, d'attachement et de gratitude.

Vous n'avez pas été seulement le Prêtre ; vous avez été le père, le bon conseiller, le guide sûr, le consolateur ému : sévère pour vous-même, vous êtes resté indulgent à l'humaine faiblesse. Sur cette paroisse de Saint-Martin qui vous doit tant, on ne vous vénère pas seulement pour la dignité de votre vie, on vous aime pour votre bonté.

Nous en avons eu la preuve lorsqu'il s'est agi de fêter le cinquantième anniversaire de votre ordination ; le même joyeux empressement s'est partout manifesté ; nous avons trouvé partout les mêmes bonnes volontés, partout les mêmes concours.

Nous vous en apportons et nous vous prions d'en agréer les témoignages :

Témoignage particulier du respectueux attachement et de la confiance de vos confrères dans le divin ministère, de ceux qui, vivant avec vous dans une plus étroite intimité sacerdotale, savent tout ce qu'ils peuvent attendre de votre expérience et de votre sagesse ;

Témoignage général de l'affection et de la reconnaissance de tous vos paroissiens ; et je dis bien, *de tous*... car tous — ou si peu s'en faut — ont répondu à notre appel ; et la plus humble contribution n'a pas été la moins touchante, et ne vous sera pas la moins précieuse ;

Témoignage du souvenir pieusement gardé à leur ancien curé par les bons habitants d'Essigny-le-Grand. Vous ne les avez pas oubliés, et ils veulent que vous sachiez bien qu'eux non plus ne vous oublient pas.

Nous avons grand plaisir à vous les offrir, Monsieur le Chanoine ; vous les accepterez avec plaisir aussi, en songeant à ce qu'ils représentent de bons sentiments, de vœux sincères, de vénération pour votre personne ; en vous disant qu'ils vous viennent de ceux que vous aimez et qui vous aiment.

Au nom de ceux-là et de leur part, je salue et je remercie Monsieur le Curé de Saint-Martin de Laon ; en leur nom et de leur part, je le prie d'agréer leur souhaits et je résume leurs espérances : *Ad multos annos*.

Est-il besoin de dire que ces paroles, où M. Cortilliot avait fait passer toute la délicatesse de ses sentiments, ont trouvé auprès de tous les assistants le plus sympathique écho.

M. le Curé de Saint-Martin, dominant avec peine l'émotion dont il était visiblement étreint, a répondu à peu près en ces termes :

Mesdames, Mes chers Confrères, chers Messieurs,

La démarche que vous avez bien voulu faire et dont je suis l'objet, me touche plus profondément que je ne saurais le dire et c'est de tout cœur que je donnais tout-à-l'heure l'accolade de l'amitié reconnaissante à celui qui, malgré les souffrances qui l'obsèdent, s'est fait l'interprète éloquent de vos sentiments et de ceux de toute la paroisse à laquelle vingt-deux ans de ministère m'attachent pour jamais. Excusez-moi si vous ne trouvez pas sur mes lèvres l'expression exacte et complète des remercîments qui voudraient aller de mon cœur jusqu'à vous.

Au reste, les objets que la générosité paroissiale m'offre aujourd'hui et que vous me faites l'honneur de me présenter, à l'occasion de mon jubilé sacerdotal, si remarquables et si distingués que je les trouve, m'apparaissent surtout comme les instruments de votre souvenir, en même temps que de ma reconnaissance.

Cette aube, ce cordon, cette étole, ce missel, ce calice surtout, dont je me servirai demain et dans la suite, me rappelleront, lorsque je monterai à l'autel, l'aimable manifestation dont je suis aujourd'hui l'objet et la dette qu'elle me fait contracter envers les deux seules paroisses que le Bon Dieu m'a confiées.

Ce missel qui est le livre de messe, c'est-à-dire le livre de la plus puissante et de la plus féconde prière, ne s'ouvrira pas sous mon regard, sans faire revivre en moi le souvenir des seize années passées à Essigny, sans m'inviter à prier pour tant d'âmes qui me furent chères et auxquelles j'ai dû tant d'heureux jours.

Mais voici le calice que je prendrai, pour rendre grâces à Dieu et pour implorer ses faveurs. Sur la patène, je déposerai les vœux de tous mes paroissiens, pour les offrir avec leurs intentions au Maître qui dispose de tout et de tous, et lui présentant, dans le calice, le sang de Notre-Seigneur, je demanderai, pour chacun de mes chers paroissiens, toutes les grâces qu'ils peuvent souhaiter pour cette vie et pour l'autre. En cela, vous voudrez bien trouver, Mesdames, mes chers Confrères et chers Messieurs, un acte de ma profonde et sincère reconnaissance.

Puis, sans oublier qui que ce soit, Monsieur le Curé, dit un mot aimable à chacune des personnes présentes, qui se retirèrent enchantées de ce qu'elles avaient vu et entendu.

***

Mais ce n'était là qu'un prélude. La solennité du lendemain devait être grandiose, magnifique, digne du cadre dans laquelle elle allait se dérouler, l'église Saint-Martin; digne du prêtre qu'on voulait honorer, Monsieur le chanoine Ply ; digne enfin de la belle assistance devant laquelle elle devait être célébrée.

Monseigneur Péchenard, évêque de Soissons, avait été invité par MM. les Membres de la Commission de Contrôle, à venir présider cette fête qui ne se présente qu'assez rarement dans les paroisses. Les prêtres sont peu nombreux qui peuvent célébrer le cinquantième anniversaire de leur ordination.

Sa Grandeur, avec la meilleure grâce, promit de venir apporter au vénérable jubilaire, ce témoignage d'estime et d'affection, et à sa paroisse cette marque d'approbation et d'intérêt.

***

En effet, le Dimanche 10 Octobre, dès le matin, Monseigneur l'Évêque accompagné de son vicaire général, M. l'abbé Parmentier, et de plusieurs dignitaires ecclésiastiques de Soissons, arrivait au presbytère. Avant qu'il ne fût entré, M. le chanoine Ply qui l'attendait se jetait à genoux aux pieds du savant et pieux prélat et lui demandait sa bénédiction. Mais, Monseigneur le relevant : « Permettez d'abord que je vous embrasse, mon cher Curé, dit-il, et que je vous montre combien je vous aime. » Cette scène, que l'indiscrétion d'un de ses rares témoins fit connaître au *Journal de l'Aisne*, donnait le ton à toutes les manifestations de la journée, et marquait d'une empreinte de grave et douce piété, de joie discrète et recueillie, les cérémonies qui devaient suivre, si splendides qu'elles dûssent être, si considérable que dût être la foule désireuse d'y prendre part.

« Nous n'avions pas pensé, nous devons le déclarer franchement, dit le *Journal*, qu'une fête purement religieuse, si sympathique qu'en pût être personnellement le héros, si justifiés que fussent les hommages à lui rendus, provoquerait non pas seulement sur la paroisse de Saint-Martin, mais par la ville entière, un tel élan, et montrerait tout un peuple uni dans une même affirmation de foi chrétienne, dans un même sentiment de respect, dans une même manifestation publique d'affectueuse reconnaissance. M. le chanoine Ply n'a pas seulement à être fier de ce juste tribut payé à sa belle carrière ecclésiastique et à ses mérites. Sans doute, il lui a été doux de voir le premier Pasteur du Diocèse lui apporter, en personne, les remerciements de l'Église du Christ, dont il a été, depuis cinquante ans, le bon et fidèle serviteur ; sans doute il lui a été doux de se voir entouré de tant de dignes confrères, saluant en lui le maître vénérable ; mais quelle joie intime et profonde n'a-t-il pas dû goûter lorsqu'il a vu sa chère église pleine à déborder d'une foule énorme et recueillie. »

Faisant allusion à quelques abstentions regrettables et remarquées, le *Journal* ajoute : « D'autres se sont arrêtés sur le chemin de l'église, parce « qu'on le saurait », par peur « des méchantes gens. » Enfin la Réunion des syndiqués de la Boulangerie, l'Exposition de la Société d'Apiculture et sa Distribution des récompenses coïncidaient ce jour-là avec la fête de

Saint-Martin. Et pourtant, elle s'est trouvée comble la vieille église, archi-comble. Ce qui prouve que, somme toute, et chez nous du moins, il y a encore des gens braves à côté de braves gens, et quelques caractères. Mais venons à la cérémonie du matin.

L'aspersion de l'eau bénite ayant été faite par M. le Vicaire de Saint-Martin, le cortège quitte la sacristie pour se rendre au chœur, pendant qu'au grand-orgue l'organiste exécute une entrée solennelle. Derrière la croix et les enfants de chœur vient le clergé, où nous avons remarqué : MM. les abbés Drémont, étudiant de la Minerve à Rome ; Poindron, ancien vicaire, curé de Saint-Paul-aux-Bois ; Robin de Laon, curé de Lizy ; Soret, de Saint-Martin, curé de Berny-Rivière ; Beaudoin, curé de Tergnier ; Poiret, aumônier de l'Hôtel-Dieu de Laon ; Lebergue, curé d'Essigny-le-Grand ; Waendendries, curé de Mézières-sur-Oise ; Luzurier, aumônier de l'Hôpital ; Boitelle, prêtre habitué, etc... ; MM. les Doyens de Flavy-le-Martel et de Vailly ; MM. les Chanoines Viéville, secrétaire de l'Évêché ; Hénet, supérieur de Saint-Joseph de Vervins ; Binet, directeur au Grand Séminaire ; Maréchal, curé-doyen de La Fère ; Duployé, ancien curé de Sinceny ; Chédaille, curé de Notre-Dame de Chauny ; MM. les Chanoines-Archiprêtres de Soissons et de Vervins. Derrière eux, vient le Jubilaire, revêtu de la chasuble et assisté de M. l'abbé Berriot, curé de Bruyères, comme diacre, et de M. l'abbé Gérin, aumônier de Montreuil, comme sous-diacre. Enfin, Monseigneur l'Évêque, en chape, coiffé de la mitre, escorté de M. le vicaire général Parmentier et de M. l'Archiprêtre de Laon, fermait la marche et semblait protéger et montrer à la foule le vénérable prêtre jubilaire : *Ecce sacerdos*.

Arrivé au bas du sanctuaire, M. le chanoine Ply jette, sous les voûtes du temple habituées à sa voix, son premier cri de reconnaissance, en entonnant sur le ton royal le *Magnificat*, que l'orgue alterne avec le clergé et le chœur des chantres, pendant que la procession se déroule difficilement dans la vaste église remplie déjà, depuis une demi-heure. Tous les regards se portaient naturellement sur M. le Curé et sur Monseigneur, qui semblait sourire à cette foule, dont tous les fronts s'inclinaient sous sa main bénissante, tandis que le héros de la fête ne pouvait retenir ses larmes. Comment les larmes ne seraient-elles pas montées de son cœur à ses yeux, en lisant tant de sympathie sur tant de visages ?

Monseigneur et M. le chanoine Ply sont revenus au pied de l'autel, et commence entre eux le dialogue qui prélude au saint sacrifice. *Introibo ad altare Dei — Ad Deum qui lætificat juventutem meam, etc...*

La *jeunesse* du jubilaire...! Nous le félicitons, dit la *Semaine religieuse*, du bon exemple qu'il nous donne « de durer sans vieillir, de se montrer toujours si vert jusque dans un âge assez avancé, de conserve avec ses soixante-quatorze ans, ce qu'il y a de meilleur dans la jeunesse : la vivacité de l'esprit et la fraîcheur des sentiments. »

Elle avait dit précédemment : « A le voir toujours vif et alerte, l'intelligence toujours en éveil, l'esprit constamment en œuvre, et le cœur donc — ce cœur qui s'ouvre sans repos à tout bon sentiment, à toute généreuse aspiration, — personne ne songerait qu'il aura bientôt ses soixante-quinze ans. »

Cependant que se poursuivent les saintes prières, avec le cérémonial ordinaire, auquel le célébrant ajoute ce je ne sais quoi de majestueux qui lui est personnel, l'*Union chorale* de Laon, qui s'était empressée de promettre son harmonieux concours, exécutait, sous l'habile direction de M. Jacob, la messe en *ut* majeur de Gounod. En adressant toutes nos félicitations aux exécutants pour leur louable démarche en la circonstance, disons qu'ils ont interprété l'œuvre du maître avec un ensemble admirable et un tact exquis des nuances. Jamais musique ne fut mieux dans le ton de la fête à laquelle elle s'associait.

Après les annonces du prône que fait M. l'abbé Desaint, M. le chanoine Méra, curé-archiprêtre de Vervins, monte en chaire pour donner le sermon de circonstance. « Discours excellent, dit la *Semaine* déjà citée, d'une langue ferme et savoureuse à la fois, où abondent les considérations les plus délicates, qui à certains moments où il met en belle lumière certains épisodes de la vie de M. Ply, fait couler des larmes de bien des yeux. »

Nous avons le plaisir de pouvoir le reproduire tout entier et tel qu'il a été donné par l'éloquent orateur :

Beatus quem elegisti et assumpsisti ; inhabitabit in atriis tuis,
Heureux celui que vous avez choisi et élevé jusqu'à vous, ô Seigneur : il aura vos palais pour demeure.

(Ps. LXIV, V. 5.)

MONSEIGNEUR,

Cette promesse de l'Esprit-Saint, voilà aujourd'hui cinquante ans qu'elle se réalise pour l'un de vos prêtres ; et c'est la fête jubilaire de cette félicité chantée par le psalmiste que Votre Grandeur daigne venir couronner et consacrer en ce jour. Votre zèle inlassable, Monseigneur, à l'instar de celui de l'apôtre, se fait « tout à tous », se plie à tous les besoins des âmes.

D'ordinaire il se tient, pour ainsi dire, au bas de la montagne, pour saisir l'enfance au seuil de sa vie religieuse et morale et, par l'effusion des dons de l'esprit de sagesse et de force, il guide et affermit ses pas chancelants dans les voies ardues du vrai et du bien. Mais aujourd'hui il s'élève sur les cimes pour rencontrer et saluer un vétéran du sacerdoce chargé de mérites et de lauriers, sourire paternellement à ses succès et doubler le prix de son triomphe. « Courage, bon et fidèle serviteur, semble dire Votre Grandeur, savoure avec moi la joie que me procure le spectacle de ton bonheur. » *Euge, serve bone et fidelis, intra in gaudium Domini tui.*

Merci, Monseigneur, de cette démarche, de cette paternelle condescendance. Elle est un honneur insigne pour le clergé et les fidèles de cette excellente paroisse de Saint-Martin ; elle est pour le cœur du vénéré jubilaire la plus douce et la plus enviée des récompenses.

Et vous aussi, mes Frères, vous avez voulu, par votre présence, accroître et partager la félicité du père de famille. Assez longtemps vous l'avez vu à la peine, il est juste que vous le contempliez un instant à l'honneur. Cette grandiose manifestation est un acte de reconnaissance qui fait honneur à la délicatesse de vos sentiments ; elle est un acte de foi religieuse qui achève le culte divin, en associant à l'honneur de Dieu celui de ses ministres suivant la pensée de l'Ecclésiastique : *Honora Deum et honorifica sacerdotes* (Eccli. VII, 33) ; elle monte agréable vers le ciel, pour retomber sur vos âmes en pluie de grâces fécondes et d'heureuses bénédictions.

Une seule présence, peut-être, a besoin d'être justifiée à vos yeux : c'est celle du prêtre qui a l'honneur de porter la parole sainte en cette solennelle circonstance. Eh bien ! cette présence, vous la devez à un autre jubilé, au grand jubilé qui a marqué l'aurore du vingtième siècle.

Il m'a valu l'honneur et le grand bonheur d'accomplir le pélerinage de Rome sous la direction éclairée de votre très érudit et très obligeant pasteur. Ensemble, nous avons visité les sanctuaires vénérés de l'Italie ; ensemble, nous avons prié, contemplé, admiré, et nos âmes ont vibré à l'unisson des mêmes émotions artistiques et des mêmes enthousiasmes religieux ; ensemble, nous nous sommes inclinés sous le regard de feu, sous la main frémissante et bénissante de Léon XIII, de ce grand et auguste vieillard qui avait compté et célébré tant de jubilés. Et lorsque se présenta l'heure de son jubilé sacerdotal, votre pasteur se souvint ; il se souvint des impressions communiquées et partagées et il m'écrivit : « Grâce pour grâce, jubilé pour jubilé : venez et laissez parler votre cœur. » Et, quoi qu'il en coûtat à mon insuffisance, je lui fis la réponse de l'humble vierge de Nazareth au divin messager : *Fiat mihi secundum verbum tuum.*

Oh ! daigne cette vierge, Notre-Dame de Lorette, qui nous a comblés tous deux de faveurs spéciales en son béni sanctuaire de la *Santa Casa*, là même où le souverain Prêtre a pris naissance en son sein, daigne-t-elle inspirer à mon cœur, à mes lèvres, des sentiments, des paroles dignes du sacerdoce chrétien, dignes du prêtre qui l'a exercé si noblement et si heureusement depuis cinquante ans.

Oui, mes Frères, ministère heureux dans les divers sens que comporte la parole de nos Saints-Livres : *Beatus quem elegisti et assumpsisti*. J'en appelle à tous les témoignages sincères, sans crainte d'être démenti, à ceux du dehors comme à ceux du dedans : *Eritis mihi testes in Jerusalem et in totâ Judæâ et in Samariâ* : aux personnes moins familières à nos croyances, *in Samariâ* ; aux fidèles croyants et fervents, *in totâ Judæâ* ; au foyer de toute vérité, à Jésus-Christ lui-même en son sanctuaire, *in Jerusalem*. Et pour les provoquer, ces témoignages, il me suffit d'esquisser à grands traits cette belle et féconde carrière.

Nouveau Samuel, sous le coup de l'appel divin, votre futur pasteur, mes Frères, est voué par sa pieuse mère, dès l'âge de six ans, au service des autels de son pays natal, Flavy-le-Martel. Sa voix angélique résonne, suave et pure, sous les voûtes de la vieille église. Elle frappe non-seulement l'oreille mais l'esprit judicieux de son curé, M. l'abbé Delaplace, le futur doyen du Chapitre de Soissons. De suite, il le juge digne des grandioses cérémonies de la Cathédrale, pour lesquelles il se découvre peut-être à lui-même, au même instant, un attrait de vocation.

Voilà le jeune clerc incorporé, dès l'âge de dix ans, dans les rangs de cette phalange harmonieuse qui s'appelle tout à la fois la maîtrise de la Cathédrale et l'annexe du Petit-Séminaire diocésain. Dans ce milieu choisi, les impressions surnaturelles abondent en sa jeune âme et la pénètrent de toutes parts. Encore maintenant, ce n'est pas sans un doux émoi qu'il se rappelle le limpide et profond regard de Mgr de Simony, de douce et sainte mémoire, plongeant au plus intime de son âme et y provoquant l'amour de Dieu et de la vertu. Encore maintenant, il aime à se rappeler ce 24 Juin 1848, où il reçut le pain de vie et la plénitude de la vie chrétienne, avec les dons du Saint Esprit, des mains de Mgr de Garsignies, humides encore de l'onction de sa récente et brillante consécration épiscopale.

Plus tard, les exigences de sa vocation cléricale l'amènent dans vos murs, au Séminaire de Laon, sous la houlette débonnaire de M. Lalouette, votre ancien pasteur, qui ne devine guère, dans cet élève, trop artiste à son gré, son futur et brillant successeur.

Le voilà au Grand Séminaire de Soissons, clerc tonsuré, clerc minoré. Et déjà son évêque, impatient de mettre à profit sa juvénile ardeur et ses rares talents, le charge de réorganiser, avec le concours des Frères des Écoles chrétiennes, la maîtrise, berceau de sa vocation.

Élève-maître, il compulse d'une main fiévreuse, et les notes théologiques des cours pour ses examens personnels, et les notes musicales pour les chœurs de sa maîtrise, les emmêlant parfois peut-être, mais ne les faussant jamais, grâce à son goût déjà sûr. Devançant, en effet, le désir et le *motu proprio* de Pie X, il se porte d'instinct vers les maîtres classiques, les Thomas d'Aquin de la musique sacrée, si j'ose dire, et les impose, bon gré, mal gré, à ses auditeurs, dont tous ne sont pas des admirateurs, dont beaucoup préfèrent *in petto*, aux beautés austères des Palestrina, les faciles vocalises des Lambilotte contemporains.

[illegible] dans le sacerdoce et se relève sous l'onction du [illegible] prêtre de Jésus-Christ, prêtre pour l'éternité.

Le lendemain, [illegible] octobre (nous en célébrons aujourd'hui le cinquantième anniversaire), il reçoit l'insigne bonheur de célébrer sa première messe, la douce [illegible] de se sentir maître souverain du Souverain Maître, de lui commander et d'en être obéi.

Mais son Évêque ne lui permet pas de savourer son bonheur dans les douceurs d'une solitaire contemplation. A l'œuvre ! A l'œuvre ! Dès le jour même, il ajoute à son titre de directeur de la Maîtrise celui de vicaire de la Cathédrale. Le Dimanche suivant, le nouveau vicaire inaugure dans la chaire, par le prône de la Grand'Messe, un ministère de douze années d'une activité [illegible] et d'une telle fécondité que, depuis 50 ans, la paroisse de la Cathédrale, pourtant témoin de tant d'autres [illegible] admirables, en conserve encore le vivant souvenir. Ce n'est plus un corps, c'est une âme, une flamme suivant le sens du Précurseur, sauf qu'elle ne cède point au [illegible] ; une voix aux multiples échos qui remplit le chœur, le sanctuaire, traverse les murailles et s'en va jusque dans les églises environnantes, *multifariam multisque modis* ; voix harmonieuse dans ses chants de l'Église, voix éclatante ou suppliante sous ses doigts d'artiste aux grandes orgues de la tribune dont il est l'habile titulaire ; voix éloquente dans la chaire de vérité où elle se prodigue pour son compte et à l'occasion pour le compte de confrères indisposés ; voix consolante auprès des malades que multiplie une terrible épidémie de variole ; voix tour à tour savante ou condescendante suivant que parle l'aumônier de pension ou l'aumônier de prison, plus souple ou plus ferme suivant qu'elle s'élève au sein de l'œuvre des apprentis ou de l'œuvre militaire dont il est le Directeur. Car l'infatigable vicaire réunit sur sa tête tous ces titres, qui ne sont pas simplement honorifiques, surtout au cours de l'année terrible et du siége de Soissons.

Toutefois, un travail aussi intense exige, même pour les constitutions les plus robustes, une salutaire détente. L'autorité le comprend et la lui impose de force, en lui confiant la paroisse d'Essigny-le-Grand. Il la trouve chrétienne, sortant des épreuves de la guerre et des mains si sacerdotales et si prudentes de M. Lémerez. Il la laissera, seize ans après, enrichie des fruits de son zèle, dotée d'une association de Mères chrétiennes, d'une Persévérance de jeunes filles, d'un Cercle de jeunesse catholique, d'une Œuvre d'assistance sous le vocable de Sainte-Élisabeth. Il la laissera avec une église rajeunie, restaurée de fond en comble au lendemain d'un désastreux ouragan, largement rentée, grâce à des revendications judiciaires aussi justes qu'énergiques, embellie à l'intérieur autant et plus qu'à l'extérieur, enrichie d'un mobilier presque luxueux. Il la laissera fière de ses deux magnifiques calvaires, érigés par ses soins au double seuil de la bourgade, et qui proclament bien haut à tout venant le règne du Christ Rédempteur en ce lieu béni. Et, de fait, lorsqu'en 1887 il quittera cette excellente paroisse pour venir parmi vous, mes Frères, combler le vide laissé à Saint-Martin par le départ du regretté Mgr Baton et de son successeur immédiat, il y laissera, accomplissant fidèlement et vaillamment leur devoir pascal, une phalange de cent vingt-cinq hommes sur une population qui n'atteint pas huit cents habitants.

Mes Frères, le bien que son zèle toujours jeune, quoique muri par l'expérience, accomplit parmi vous, il serait difficile de le détailler. Vous le connaissez ; vous le proclamez bien haut. Mes oreilles ont perçu maintes fois les échos de votre admirative reconnaissance. A défaut de voix humaines, les pierres elles-mêmes le proclameraient — les pierres restaurées de ce grandiose édifice ; les pierres de ces trois autels élevés de ses mains ; les pierres qui enchâssent ces huit magnifiques vitraux ; les pierres de l'antique cellule de Saint Génebaud, offerte, grâce à sa générosité, à la bénédiction épiscopale et rendue à la vénération des fidèles. *Lapides clamabunt.* Ils le proclameraient, tous ces embellissements, ces ornements sacrés, dont le bon goût n'a d'égal que la richesse, ces grandes orgues, filles choyées de son cœur d'artiste, et cette merveille d'art et de goût, ce reliquaire unique de votre glorieux patron, Saint Martin.

Ils le proclameraient, les échos encore vibrants sous ces voûtes de tant de sermons éloquents, de tant d'instructions sérieuses, de tant de retraites édifiantes, de tant de catéchismes méritants, de tant d'allocutions pratiques aux mois de Marie, du Saint-Rosaire, du Sacré-Cœur, de Saint Joseph surtout, dont le culte est si populaire en cette paroisse.

Ils le proclameraient, ces travaux littéraires, artistiques, poétiques, jetés à pleines mains, à plein cœur, dans nos revues catholiques, interprétés sur nos théâtres chrétiens, répandus aux quatre points cardinaux par les mille échos de la presse, voire même par les *Échos de Saint Martin*, tous à l'honneur du Christ, tous consacrés exclusivement au salut des âmes.

Non, mes Frères, la carrière sacerdotale ne craint aucune comparaison avec les plus utiles et les plus honorables de ce monde, quoi qu'en pensent et en disent certaines malveillances systématiques. Elle n'amoindrit aucun talent, n'abaisse aucun caractère, ne rétrécit aucune âme. Bien au contraire, elle élève, elle élargit, elle épanouit, elle embellit.

Repassez aujourd'hui dans votre esprit la carrière du

héros de cette fête, toute de foi, d'honneur et d'intelligent labeur ; contemplez-le lui-même dans son cadre, dans cette église de Saint-Martin, l'une des plus religieusement belles que je connaisse ; voyez-le s'avançant vers l'autel, vénérable sous sa noble couronne de cheveux blancs, majestueux sous l'éclat des insignes de ses nombreuses dignités, plein de force et de vigueur encore, sous le poids des mérites et des ans, s'appuyant, à défaut de la crosse des anciens abbés de Saint-Martin, ses prédécesseurs, sur le plus pieux, le plus dévoué, le plus respecté des collaborateurs, de ceux que les évêques eux-mêmes aiment à attacher à leur propre personne.

Quelle que soit votre mentalité religieuse, fussiez-vous même habitants de Samarie, si vous êtes de bonne foi et sincères, vous direz avec moi : « Heureux celui qui a été choisi et élevé à ces honneurs, il est bien à sa place dans la maison de son Dieu. » *Beatus quem elegisti et assumpsisti, inhabitabit in atriis tuis.*

Tel est, mes Frères, le témoignage du dehors. Voulez-vous celui du dedans, celui du fidèle ? Plus éclairé, il n'en sera que plus probant. Le croyant, lui, ne s'arrête pas aux apparences parfois trompeuses de la dignité extérieure; il pénètre par la foi au dedans, jusqu'à l'âme où il rencontre le caractère ineffaçable que lui a imprimé le sacrement de l'Ordre ; et qu'y découvre-t-il ? L'être sacré par excellence, Jésus-Christ. *Sacerdos alter Christus. Sacerdos* (en latin ou en français) quel mot expressif, mes Frères ! Quelle plénitude de sens il offre à la pensée ! *Sacerdos, sacra dans* : le dispensateur des choses sacrées.

Mes Frères, pour toute âme religieuse, un double courant de choses sacrées va de la terre au ciel et du ciel à la terre. De là terre au ciel montent les actes religieux de l'humanité, et du ciel à la terre descendent les bénédictions divines. Eh bien ! le prêtre apparaît, aux yeux de la foi, comme le point de jonction des deux courants. Il remplit l'office de ces blancs sommets qui émergent au-dessus des massifs montagneux : ils condensent les vapeurs qui, de la terre, s'élèvent vers la région des nuages ; et ils alimentent en retour les sources intarissables et fécondantes qui s'épanchent dans le sein des fertiles campagnes. Tel le prêtre : au nom de ses frères, il fait monter vers Dieu l'encens de la prière, la flamme et les parfums des sacrifices ; et, au nom de Dieu, il répand à flots sur ses frères la lumière de la vérité et la vie de la grâce.

L'encens de la prière, certes il l'offre à Dieu en son nom personnel. La prière est pour lui, comme pour tous, un besoin, une consolation, une force et, comme on l'a dit, la respiration naturelle de son âme altérée d'infini. Mais sa fonction propre, qui est son éternel honneur, c'est de prier au nom de ses frères et d'être, suivant l'expression énergique de S. Bernardin, « l'organe public et la bouche même de l'Église. » *Persona publica et totius Ecclesiæ os.* Or, l'Église, ce n'est pas lui, c'est l'assemblée entière qui, par lui, adresse collectivement au Seigneur la demande, la louange, l'action de grâces, la supplication. C'est au pluriel qu'elle parle par sa bouche : Prions, *Oremus* ; nous vous louons, Seigneur, *Te Deum laudamus* ; rendons grâces au Seigneur notre Dieu, *Gratias agamus Domino Deo nostro* ; pardonnez à votre peuple, Seigneur, et épargnez-nous les effets de votre colère, *Parce, Domine, parce populo tuo, ne in æternum irascaris nobis.*

Même loin de l'autel, perdu en pleine forêt, dans le sentier solitaire, s'il récite son bréviaire, il est encore l'organe de l'Église entière. *Totius Ecclesiæ os.* La bouche, qu'il ouvre sept fois le jour pour l'office divin, n'est-ce pas la lyre aux sept cordes qui chante l'hymne de reconnaissance et d'amour de tout le peuple chrétien ?

De même encore, lorsqu'il accomplit l'acte sacré par excellence, le sacrifice, certes il est grand, plus grand que les anges, égal à leur Reine. Si cinq mots tombés des lèvres de Marie attirent le Verbe dans son chaste sein : *Fiat mihi secundum verbum tuum*, cinq mots aussi tombés des lèvres du prêtre renouvellent ce miracle sur la pierre du sacrifice : *Hoc est enim corpus meum*. Sa parole, comme un glaive, comme la lance du centurion, consomme l'immolation de la sainte victime. Mais là encore le prêtre n'est que votre mandataire, mes Frères, il agit en votre nom. Recueillez-en l'aveu sur ses lèvres, quand tout-à-l'heure il se tournera vers vous à l'*Orate, fratres*. « Priez, mes frères, vous dira-t-il, afin que mon sacrifice qui est le vôtre soit agréable à Dieu. » *Orate, fratres, ut meum ac vestrum sacrificium*... Et ensuite : « Nous vous offrons, Seigneur, cette hostie pure, sainte et sans tache : *Offerimus*.

Oui, le prêtre, quand il se tient sur les hauteurs du sacrifice eucharistique, apparaît comme le médiateur, le trait d'union entre le peuple et Dieu. Est-il étonnant qu'il en descende, comme Moïse du Sinaï, détenteur, au nom de Dieu, de la vérité et de la vie ? De la vérité, — non pas de cette vérité parcellaire, fragmentaire, diffuse en chacune des créatures et que nous sommes contraints de faire jaillir par étincelles au choc de nos investigations parfois heureuses, souvent incertaines ; — mais de cette vérité intégrale, absolue, transcendante, qui se cache dans l'essence divine, mais que Jésus-Christ a révélée au monde et qu'il continue à lui communiquer par son Église et par ses ministres.

Détenteur de la vie, — non pas de cette humble vie qui sommeille dans le végétal, bondit inconsciente dans l'animal, s'épanouit orgueilleuse et superbe dans la raison humaine ; — mais de cette vie plus haute, plus noble, digne des anges, digne de Dieu, de la vie de la grâce, qui est en germe la vie divine elle-même. Cette vie, le prêtre l'infuse dans l'âme par le baptême, l'entretient par l'eucharistie, la rappelle par l'absolution, quand elle a été bannie par le pêché, et, par l'onction sainte, lui assure un définitif triomphe dans le dernier combat qu'on appelle s justement l'agonie.

Oh ! grand honneur et grand bonheur pour le prêtre fidèle qui, durant cinquante années, a rempli ce glorieux mandat d'offrir à Dieu, chaque jour, les actes religieux de ses frères, et l'encens de la prière et les parfums du sacrifice. Grand honneur et grand bonheur pour le prêtre qui, durant cinquante ans, a communiqué à des miliers d'âmes et la vie et le pain de vie, et la santé dans la maladie, et la consolation dans l'épreuve, et le réconfort au jour des tribulations terrestres et le mystérieux adoucissement aux justes et terribles expiations de l'au-delà.

Si les âmes en état de grâce sont les demeures de la Divinité, suivant le mot du Maître : « Si quelqu'un m'aime, mon Père l'aimera et nous viendrons à lui et nous ferons en lui notre demeure », le vénéré jubilaire qui est le père de tant d'âmes, qui en a conduit quelques-unes jusqu'aux cimes de la vie religieuse et du sacerdoce, réalise, même sur terre, la promesse de l'Esprit-Saint : « *Beatus quem elegisti et assumpsisti ; inhabitabit in atriis tuis.* »

Mes Frères, je vous ai promis un troisième témoignage, le plus décisif, celui de Jésus-Christ lui-même. Lui aussi a proclamé heureux celui qu'il élève sur les sommets du sacerdoce et de l'apostolat. Mais quelle étrange béatitude il propose ! « Vous, mes prêtres, dit-il, vous serez heureux quand les hommes, à cause de moi, vous chargeront d'injures, vous poursuivront de leurs haines et de leurs calomnies. Réjouissez-vous alors et tressaillez d'allégresse ; car grande sera votre récompense dans le ciel. » Quel est donc ce mystère ? Ce mystère, mes Frères, c'est celui de la Rédemption. *Sacerdos alter Christus.* L'ordre est un sacrement institué pour le bien direct, non de l'individu, mais de la société et de la société sous ses trois formes primordiales : la famille, la patrie, l'Église. Dans la pensée du souverain prêtre, la souffrance sacerdotale sera, comme la sienne, la rançon de la famille, de la patrie et de l'Église.

Eh bien ! Vénéré Confrère, dites-nous aujourd'hui ce que ces trois causes saintes, ces trois amours sacrés vous ont coûté de déchirements et de souffrances, et nous saurons si vous avez mérité la béatitude promise.

La famille ! Ah ! combien peu vous en avez joui ! Séparé de votre père que la mort avait prématurément enlevé, éloigné par les exigences de votre vocation, de ce qui vous restait de famille, vous comptiez en retrouver les saintes joies après votre prêtrise. En effet, une mère aux sages conseils et une sœur pleine de délicatesse et d'activité étaient venues organiser et charmer votre foyer de jeune vicaire, tandis que le frère aîné entretenait au pays natal les traditions de travail, d'honneur et de dévoûment à l'Église qu'y avaient laissées les absents. Mais votre bonheur devait être bientôt troublé : le chagrin, cette persécution des cœurs aimants, vous attendait au seuil de votre vie sacerdotale. La maladie impitoyable, après cinq ans de sournois labeur, venait à bout de celle qui était le charme de votre demeure, et la mort, une fois entrée dans votre famille, n'en sortira qu'après avoir tout broyé, tout ravagé, tout fait disparaître. C'est votre frère, c'est votre belle-sœur qu'en moins d'une semaine elle emporte, jetant dans vos bras deux orphelins qu'elle ne semble vous abandonner que pour vous familiariser avec l'art de l'éducation familiale ; car orsqu'ils auront grandi, la mort vous les prendra à leur tour. Au moins vous avait-elle laissé, au commencement, comme aide expérimentée dans la tâche qui vous était dévolue, la femme qui vous avait élevé vous-même. Mais non ; votre sainte mère est elle-même guettée par le sinistre moissonneur. Une épidémie de variole éclate à Soissons. Votre devoir vous appelle au chevet des malades. Vous en rapportez le germe pernicieux. Votre mère s'épuise en soins délicats, héroïques, pour vous disputer au trépas ; et, avec la grâce de Dieu, elle y réussit. Mais elle, n'échappe point au terrible virus et elle paie de sa vie son maternel dévouement. Quelle double et crucifiante angoisse pour le cœur d'un enfant, de voir mourir dans ses bras celle qui lui a donné la vie, après qu'en retour il lui a communiqué involontairement la mort !

O mystérieux accomplissement du devoir pastoral et de la parole du Christ : « Celui qui aime son père et sa mère plus que moi n'est pas digne de moi ! » Oh ! le douloureux apport, la terrible contribution que le Souverain Maître exigea de son prêtre pour la rédemption de la famille !

La patrie ! Ah ! nous l'aimons, mes Frères, nous français, nous catholiques, nous prêtres. Nous l'aimons à tous les titres, et comme la terre nourricière que nous ont léguée nos aïeux au prix de leur sang et de leur vie, et comme la terre chrétienne par excellence, généreuse, magnanime, fille aînée de l'Église, et comme le sol béni entre tous, le plus beau royaume après celui des cieux. Aussi, tout ce qui touche à l'honneur ou au salut de la France nous touche à la prunelle de l'œil.

Dites-nous, Vénéré Confrère, dites-nous vos souffrances, vos angoisses patriotiques, lorsqu'en 1870, dans cette belle ville de Soissons, en feu et en flammes sous les bombes allemandes, vous voliez aux remparts et au-delà, ambulancier volontaire, recueillant les blessés, les mourants et les morts tombés pour la défendre ; lorsque vous appreniez qu'elle même, râlant encore sous la botte d'un barbare vainqueur, voyait ses enfants s'entrégorger sur son sein déchiré et meurtri ; lorsque quelques semaines après, jeune curé d'Essigny, vous heurtiez du pied, dans les plaines Saint-Quentinoises, les tertres ensanglantés qui recouvraient les dépouilles de nos soldats vaincus !

Dites-nous, maintenant, quelles craintes, quelles angoisses vous étreignent en pensant à l'avenir de cette France que nous voudrions si forte, si prospère, si chevaleresque, si digne de sa glorieuse mission dans le monde.

L'Église ! Ah ! nous l'aimons aussi, nous prêtres, comme une seconde patrie, la patrie de nos âmes. Eh bien ! dites-nous, Vénéré Confrère, vos angoisses, vos souffrances au sujet de l'Église, ou plutôt, mes Frères, — car vous en fûtes témoins — racontez-nous les larmes qu'il a versées et les sanglots qui ont étouffé sa voix, à l'heure où il dut vous annoncer la rupture définitive de la France et de l'Église, de cette fille et de cette mère qui ne peuvent vivre l'une sans l'autre. Et aujourd'hui vos douleurs et vos inquiétudes ne sont-elles pas, Vénérable Jubilaire, celles de Marie et de Saint Jean, suivant Jésus à travers les rues de Jérusalem, au jour de sa passion, sur la voie qui va de Gethsémani au Golgotha, du tribunal de Caïphe à celui d'Hérode et de Pilate ? Ne la voyez-vous pas, cette noble épouse du Christ, bafouée, condamnée, dépouillée, parce qu'elle aussi passe sur la terre en faisant le bien ? Ah ! comme, en ces derniers temps, se réalise, pour le prêtre et pour nous tous, la béatitude annoncée par le Sauveur : « *Beati eritis cum maledixerint vobis propter me.* »

Merci, Seigneur, de ce traitement de choix, signe de mon élection ; merci de m'avoir appelé au partage de votre croix. *Beatus quem elegisti et assumpsisti, inhabitabit in atriis tuis.* Je n'oublie pas que l'atrium mentionné dans l'Évangile a été celui du prétoire, celui où les soldats entraînèrent Jésus pour le dépouiller et le flageller. Avec vous, Seigneur, quand même et toujours, *inhabitabo in atriis tuis.* L'atrium du prétoire, comme la pierre du sépulcre, n'est pour vous et pour ceux qui vous suivent que le vestibule du Ciel.

Le Ciel, ah ! voilà, mes Frères, voilà, Vénéré Confrère, le dernier terme de la promesse, le couronnement définitif de nos espérances. *Inhabitabit in atriis tuis.* Voilà la seule demeure permanente où se célèbrent, non plus les noces d'ici-bas toujours éphémères, mais les noces éternelles de l'Agneau.

Faut-il vous les souhaiter à brève échéance, Vénéré Jubilaire ? Dieu m'en garde et Saint Martin aussi. Octogénaire et malade, il arborait encore cette fière devise : « *Non recuso laborem*, je ne refuse pas le labeur. »

Plus jeune et plus fort, vous faites encore honneur à celle de Jeanne d'Arc : « Vive labeur ! » Vive labeur aujourd'hui, demain, toujours... ou plutôt, non... jusqu'au jour où, d'en haut, non d'en bas, se fera entendre le signal annoncé dans l'Évangile : *Venite ad me omnes qui laboratis et onerati estis...* Venez à moi, les laborieux tombés sous le poids de la vie, *et ego reficiam vos.* Je vous rendrai une immortelle jeunesse dans mes tabernacles éternels. Ainsi soit-il.

Après ce discours religieusement écouté, pendant que l'éloquent orateur descendait de la chaire et que le vénérable Jubilaire y montait, courbé sous le poids des émotions diverses qui accablaient son cœur resté jeune et sensible à l'excès, M. Jacob qui sait se multiplier, exécute sur le violon une pieuse et reposante

Cantilène de R. de Boisdeffre, avec le concours de MM de la Bretèque et Fr. Michel, qu'accompagne au grand-orgue M. Fouquet, l'organiste distingué de la Cathédrale de Laon.

D'une voix émue et qu'il essaie de rendre ferme, M. le chanoine Ply prononce l'allocution suivante que la foule suit avec la plus sympathique attention :

> *Audite, et narrabo, omnes qui timetis Deum, quanta fecit animæ meæ.*
>
> Écoutez, ô vous qui craignez Dieu, et je vous raconterai les grandes choses qu'il fit en moi.
>
> (Ps. LXV. V. 15).

MONSEIGNEUR,

MES VÉNÉRÉS CONFRÈRES ET MES BIEN-AIMÉS FRÈRES,

Pourquoi donc le fils de Jessé voulait-il être entendu et qu'avait-il à raconter de si mémorable, qu'il réclamait l'attention de tous les hommes craignant Dieu ? Ah ! c'est que, pour témoigner au Seigneur sa juste reconnaissance, il ne trouvait rien de mieux que de publier les grâces dont il avait été l'objet.

Et, quand il les a racontées, il les chante : *Misericordias Domini in æternum cantabo* ; mais sa voix ne rendant que faiblement les sentiments qui embrasent son âme, il emprunte aux instruments de musique la variété de leurs timbres, pour célébrer la munificence du Seigneur.

Ce n'est point encore assez pour son cœur reconnaissant. Je l'entends inviter tous ceux qui l'environnent à chanter avec lui : *Cantate Dominum canticum novum.* Il veut que la divine louange retentisse dans l'assemblée des saints : *Laus ejus in ecclesiâ sanctorum.*

C'est trop peu : il demande aux enfants le concours de leurs voix innocentes : *Laudate pueri Dominum* ; aux vieillards, l'hymne plus grave de leur voix qui s'éteint : *Senes cum junioribus.*

C'est toujours trop peu. Toutes les nations, louez le Seigneur, louez-le, tous les peuples : *Laudate Dominum omnes gentes ; laudate eum omnes populi.*

Que dis-je ? Dans les pieux élans de sa reconnaissance, David monte jusqu'au ciel, et je l'entends interpeller les anges et leur dire : Louez donc tous avec moi le Seigneur : *Laudate eum omnes angeli ejus.* Et quand David a réuni en un vaste et unique concert les voix des anges et des hommes, toutes les musiques du ciel et de la terre, je l'entends jeter au-dessus de cette immense harmonie ce cri de la reconnaissance au désespoir : « *Quid retribuam Domino pro omnibus quæ retribuit mihi ?* Que rendrai-je au Seigneur pour tous ses bienfaits ? »

Et moi, mes Frères, que ferai-je ? Que pourrai-je même dire ? Car, si le berger de Bethléem a été choisi entre mille, pour tenir le sceptre de Juda, ma vocation au sacerdoce ne fut-elle pas une grâce de prédilection ? Si Dieu a soutenu David sur les champs de bataille et s'il l'a protégé contre les desseins cruels de la jalousie ; n'est-ce pas Dieu qui ma conservé l'existence et la vie, jusqu'à ce jour que tant de Prêtres de mon âge ont désiré voir, et ils ne l'ont point vu. Si David a été sacré roi, moi, n'ai-je point été ordonné prêtre ? Si David a reçu de Dieu la mission de gouverner un peuple, n'ai-je point été chargé du gouvernement des âmes, dans un coin du royaume du Christ ? Si David devait voir sortir de sa race le Messie attendu, n'ai-je pas, en vertu d'un privilège que rien n'égale, donné tous les jours, à l'autel, une vie sans cesse renouvelée au Sauveur du monde ? Si David enfin a été l'objet des miséricordes infinies de notre Dieu, quelle n'a pas été la générosité des divins pardons à mon égard ?

Aussi, mes Frères si je m'écoutais, succombant sous le poids de mes fautes et sous le fardeau des bienfaits de Dieu, je descendrais de cette chaire et je m'en irais me prosterner comme le publicain, au seuil de cette église, et là-bas, le front dans la poussière, je chanterais tour à tour, jusqu'à mon dernier souffle, le *Miserere* du repentir et le *Te Deum* de l'action de grâces.

Mais, non ! L'Église me rappelle aujourd'hui que la Reine du clergé est aussi la Mère de tous les hommes, et, dans mon impuissance, j'oserai implorer son assistance pour glorifier le Seigneur. Laissez-moi donc, ô Marie, recueillir sur vos lèvres brûlantes les accents de votre *Magnificat* que j'essaierai de chanter à mon tour : *Quia fecit mihi magna qui potens est ;* car le Tout Puissant à fait en moi de grandes choses. Quand un enfant ne sait pas dire merci, c'est sa mère qui rend grâces pour lui. Daignez donc être mon interprète auprès de Celui que vous avez porté dans vos bras et que je tiens, tous les jours, dans mes mains.

Vous avez bien voulu, Monseigneur, Vous associer à l'un des vétérans de votre diocèse, dans l'action de grâces trop légitime, qu'il veut faire monter au ciel. Présentée par Vos mains vénérables, l'offrande de ma reconnaissance ne peut manquer d'être agréée de Celui dont vous êtes ici l'auguste représentant. Mais Votre présence même, qui éclaire et échauffe cette solennité, comme le soleil d'un beau jour, me crée un nouveau devoir envers Votre Grandeur, à laquelle j'étais déjà redevable d'une trop grande condescendance. De sorte que me voilà dans la situation du débiteur qui multiplie ses créanciers pour en satisfaire un seul, à moins que, la *justice* cédant encore une fois tous ses droits à la *bonté*, vous ne vous contentiez, Monseigneur, du religieux et unanime merci de cette chrétienne assemblée.

Merci à vous aussi, Mes Vénérés et Chers Confrères, au premier rang desquels je salue M. l'archiprêtre de Laon et les dignitaires de la cathédrale de Soissons, où je passai les plus heureux jours de mon enfance et de ma jeunesse sacerdotale. Merci à l'aimable confrère et à l'éloquent orateur qui a bien voulu apporter la grâce de son évangélique parole à cette solennité.

Merci à vous encore, mes successeurs dans la bonne paroisse d'Essigny-le-Grand, où vos consolations, ô mon Dieu, m'ont été données à la mesure de mes douleurs, et où j'ai laissé une partie de mon cœur, en y laissant les derniers restes d'une famille dévastée par la mort.

Merci aux prêtres de la paroisse de Saint-Martin, dont je reçois tous les jours le témoignage apprécié d'un inaltérable dévouement, et dont les cœurs chantent à l'unisson, avec le mien : *Ecce quam bonum et quam jucundum habitare fratres in unum.* Qu'il est bon, qu'il est agréable de vivre ensemble comme des frères.

Merci à vous, Mes Confrères de tout âge, qui, plus favorisés que tant d'autres, avez pu, sans dommage pour les âmes qui vous sont confiées, apporter le renfort de votre propre reconnaissance à l'hymne de mes louanges. Avec moi, vous avez été plantés, comme des palmiers, dans l'héritage du Seigneur : puissiez-vous, comme les palmiers, toujours rester en fleurs, dans les parvis de la maison de notre Dieu : *Plantati in domo Domini, in atriis domûs Dei nostri florebunt.*

Quant à vous, au milieu de qui l'indulgence me permet de compter tant de sympathies et d'amitiés, quant à vous, Mes Chers Paroissiens, comment vous exprimer la joie que procure à mon âme votre pieux concours en cette solennité ? De mon jubilé, vous avez fait des noces d'or; de ma fête, vous avez fait votre fête; et rien ne pouvait mieux marquer l'union du troupeau avec son pasteur.

Vingt-deux ans se sont écoulés depuis le jour où, pour la première fois, je montai dans la chaire que j'occupe en ce moment — et je me souviens des émotions diverses qui agitaient mon cœur à cette première rencontre avec vous; — mais rien n'a pu rompre le lien qui, dès lors, m'attachait à vous. Je vous apportais tout mon dévouement; vous m'avez, en échange, donné toute votre sympathie, et voici qu'aujourd'hui vous m'en fournissez un suprême témoignage, dont je crois sentir tout le prix.

Mais je m'illusionne sans doute. Ce n'est pas à ma personne que s'adressent vos hommages, c'est au prêtre que je suis, c'est au sacerdoce catholique tout entier, que je les dois reporter. Trop heureux serai-je de ne l'avoir frustré d'aucune des estimes qui lui sont dues !

A l'heure présente, Mes Frères, le prêtre catholique — et c'est son privilége — est traité par la plupart en ennemi, ou tout au moins en étranger. Les mieux disposés n'osent plus lui serrer la main, ils craignent même de passer pour le connaître. C'est une erreur ou une faiblesse que vous ne voulez point partager. Vous savez quel rôle important le prêtre est appelé à remplir dans la société, dans la famille et auprès de l'individu. Vous avez pu compter les âmes qu'il a régénérées, les cœurs blessés qu'il a guéris, les larmes qu'il a essuyées, les vérités qu'il a semées, les passions qu'il a calmées, les révoltes qu'il a apaisées, les crimes qu'il a empêchés, les dangers qu'il a conjurés et les lumières qu'il a projetées sur le monde, rien que par son bréviaire et par sa messe, rien qu'avec la Croix et l'Evangile.

Supprimez, comme certains le voudraient, supprimez

le sacerdoce catholique ; le jour où il n'y aura plus de prêtre dans le monde, la terre tremblera, le soleil de la foi cessera de donner sa lumière, le roc des fermes espérances s'effritera pour tomber dans l'abime, et le foyer de l'amour s'éteindra pour jamais sous les flots de l'égoïsme qui montent à mesure que l'enseignement du sacerdoce est moins respecté. Ce sera le coucher de la civilisation et l'aube de la barbarie.

Bénis soyez-vous, Mes Très Chers Frères, d'avoir donné aujourd'hui le spectacle d'un peuple qui sait reconnaître les bienfaits de notre mission dans le monde, et qui ose proclamer, bien haut et malgré tous les cris contraires, son attachement irréductible aux ministres de Jésus-Christ.

Ne trouverez-vous pas, Monseigneur, dans votre cœur d'évêque, une bénédiction spéciale pour cette foule de croyants, dont la présence et l'attitude en cette enceinte ne peuvent s'interpréter que comme un acte d'amour pour Dieu et pour son Église ? Daignez bénir particulièrement les chrétiens d'élite, dont l'initiative a fait luire ce beau jour de fête, et ces artistes sympathiques qui sont venus chanter avec nous l'hymne de la reconnaissance.

Daignez bénir tous les membres de la grande famille, dont je suis devenu le père : les enfants et les vieillards, les riches et les pauvres, tous ceux qui prennent part à la joie de ce jour et ceux surtout que la douleur ou la maladie retiennent à leur foyer.

Enfin, daignez par votre bénédiction allumer en mon cœur un nouveau foyer de zèle et de courage qui me permette d'affronter, sans illusion, mais aussi sans peur, de nouveaux combats, pour Dieu, pour l'Église et pour le pays, jusqu'à ce que j'aie mérité la couronne que Dieu réserve à ceux qui ont légitimement combattu et dont vous serez, Mes Frères, le plus bel ornement. *Gaudium meum et corona mea.* Ainsi soit-il.

Les paroles émues de M. le chanoine Ply devaient communiquer à son auditoire quelque chose de ce qu'il ressentait lui-même : *Si vis me flere, dolendum est primum ipsi tibi* ; et, de fait, rares se montrèrent ceux qui, dans le clergé ou parmi les fidèles, ont pu retenir leurs larmes. « *Ceux qui n'ont pas pleuré*, disait une brave chrétienne, au sortir de l'église, *c'est qu'ils n'ont pas de cœur.* »

M. le Curé n'était point descendu de chaire que Monseigneur se levait, au banc d'œuvre où le clergé l'entourait, et prenait à son tour la parole. Un sténographe, qui rend souvent service à la presse laonnoise, nous a conservé et permis de reproduire, presque entièrement, ce discours, où l'élégance du style le dispute à la délicatesse de la pensée, prononcé d'une voix chaude et vibrante, pour l'honneur du vénéré Jubilaire et pour la gloire du clergé dont Sa Grandeur est l'un des chefs les plus justement révérés.

Monseigneur Péchenard voulait que le témoignage de sa personnelle estime, de son affectueuse confiance, fut rendu à M. le Curé de Saint-Martin, dans son église même et devant l'énorme affluence d'assistants. Sans doute, ce témoignage était déjà rendu par le fait de sa présence aux cérémonies de ce jour ; il a tenu à en renouveler, en ces termes, la publique affirmation :

Mon cher Jubilaire,

Je suis heureux d'être venu m'unir à votre paroisse pour vous remercier et vous féliciter de tout le bien spirituel que vous avez fait, dans les divers postes que vous avez occupés et, en particulier, dans cette paroisse que vous évangélisez depuis 22 ans ; pour vous remercier aussi de tout ce que vous avez fait pour l'embellissement de ce temple, pour la décoration de cette belle Maison de Dieu.

Unissons-nous, Mes Chers Frères, pour rendre gloire à Dieu des grâces qu'il a faites à ce vénéré Pasteur et demandons lui que, longtemps encore, il le conserve au milieu de nous.

Cinquante ans de sacerdoce ! Avez-vous pensé, pendant ce temps, combien de fois la main de votre père spirituel s'est levée pour vous bénir et répandre les grâces de Dieu autour de lui ? Combien de fois ses lèvres se sont ouvertes pour consacrer et faire descendre Jésus-Christ sur l'autel ? Combien de fois ses mains se sont tendues pour donner Dieu et faire descendre des grâces de tout ordre sur tous ceux qui lui étaient confiés ? Combien de fois, par sa prière, son bréviaire, sa messe dite quotidiennement, il a obtenu le secours divin pour toute sa paroisse et pour l'Église ? Combien de fois il a été la lumière et la consolation de bien d'autres et à combien d'âmes il a ouvert les portes du ciel ?

Cinquante ans de sacerdoce, cher Jubilaire ! On ne peut pas se mettre en face de cette montagne de bonnes actions et, je suis sûr, en face de cette montagne de mérites !

Je ne parlerai pas du relief très particulier dans lequel vous avez mis personnellement le sacerdoce dont vous êtes revêtu, et que l'orateur de ce jour a montré en termes si éloquents et si cordiaux : Vous l'avez fait par vos talents personnels, par votre parole éloquente, par votre plume alerte et déliée, par vos écrits savants, par la grande part que vous avez prise à toutes les choses de l'art qui relèvent de la religion. Mais, cher Jubilaire, je veux vous remercier surtout de tout le dévouement que vous avez apporté, depuis cinquante ans, dans votre ministère sacré.

. . . .

Le sacerdoce est la plus sublime de toutes les dignités qui soient en ce monde : honneurs, distinctions, autorités humaines, emplois... grands capitaines et grands politiques... rois et empereurs, je m'incline devant ces dignités, je leur rends l'hommage légitime qui leur est dû ; car toute autorité vient de Dieu, et Il nous donne l'ordre de la respecter. Mais, au point de vue de la foi, que sont toutes ces dignités des grands capitaines, des rois ou des empereurs devant la dignité du prêtre, devant cette dignité qui découle du sein même de Dieu, qui fait du prêtre comme un autre Dieu, comme un intermédiaire authentique et officiel entre Dieu et les hommes ; car il est à la fois pontife et apôtre et il est constitué entre les hommes et Dieu dans tout ce qui regarde le ministère sacré ?

. . . .

C'est bien volontiers que j'avais accepté l'invitation des membres de votre paroisse, qui désiraient célébrer votre Jubilé et qui m'avaient fait part de leur dessein ; parce que je désirais vous témoigner moi-même, devant tout votre peuple, à l'occasion de votre Jubilé, combien je vous apprécie, combien je vous estime et à quel degré j'estime les services que vous avez rendus à la cause chrétienne.

Mais aujourd'hui, cher Jubilaire, je m'applaudis beaucoup plus encore d'être venu et de me trouver au milieu de cette fête, où vos paroissiens, sous des formes diverses, vous témoignent leur sympathie et leur affection sincère. Ainsi que vous l'avez fait remarquer justement, votre personne n'est pas seule l'objet de cette fête ; au-dessus de votre personne, toute vénérable qu'elle est, c'est, aux yeux de tous, le sacerdoce de Jésus-Christ dont vous êtes investi. Vos bons paroissiens qui fêtent aujourd'hui leur Curé, si saint dans toute sa personne humaine, fêtent encore et surtout le caractère sacerdotal dont il est revêtu.

Puissiez-vous, cher Jubilaire, comme Moïse duquel on disait : « Il est âgé, mais il n'est pas vieux », continuer, pendant de longues années encore, votre ministère fécond, au milieu de vos chers paroissiens.....

On retourne au sanctuaire et la messe se poursuit devant l'assistance aussi nombreuse que recueillie sur laquelle plane le souvenir de S. Norbert et de Prémontré.

C'est le *Credo* qui sort de toutes les bouches en accents enthousiastes.

C'est, à l'Offertoire, un solo de violon si bien intitulé *Foi* par son auteur H. Vieuxtemps, et que M. Jacob, accompagné sur l'orgue par M. Fouquet, exécute, malgré les difficultés, avec une aisance et un brio qui lui font le plus grand honneur.

Puis, c'est le chant sublime de la Préface et du *Pater*, artistement exécuté par la voix du vénéré Jubilaire. « Elle a toujours ce quelque chose de fort, de doux et de joyeux qui, d'une si longue carrière, ne rappelle que les printemps. »

Le clergé était à peine rentré à la sacristie, qu'elle était envahie par une multitude de paroissiens et de paroissiennes qui se pressaient, malgré l'heure avancée, — il était midi 1/2 — pour offrir à M. le chanoine Ply leurs félicitations et leurs vœux. Et combien qui, faute de pouvoir arriver jusqu'à lui, y renoncèrent et remirent leur respectueuse et sympathique démarche après l'office du soir !

***

A une heure, sous la présidence de Monseigneur l'Évêque de Soissons et Laon, une soixantaine de convives, répondant à l'aimable invitation de M. le Curé de Saint-Martin, se réunissaient au Pavillon des Œuvres, où était servi un déjeuner préparé par M. Boës et, nous n'hésitons pas à le dire, qui fait honneur à M. Boës.

Aux dignitaires du clergé, aux confrères dont nous avons déjà donné la liste, M. le Curé de Saint-Martin avait associé des amis personnels, tels M. le colonel Malcor, M. Mérendet de Flavy, M. Capelle d'Amiens, M. Jules Labbé d'Essigny-le-Grand, etc., ses collègues du Comité de l'École libre, MM. Bouré, Breval, Cortilliot, Dr Macon ; M. Juville, directeur et les maîtres de cette École ; MM. les Vicaires de la Cathédrale. Nous éviterons de donner des noms de peur de commettre des oublis.

Mais nous n'oublierons pas les dépêches nombreuses qui attendaient le Jubilaire à son arrivée au

l'aurore et nous fêtons l'espérance. Tous nos hommages pour les noces d'or d'aujourd'hui ; tous nos souhaits pour les prochaines noces de diamant.

M. le Curé de Saint-Martin ne veut pas laisser se retirer M. l'Archiprêtre sans lui avoir dit personnellement combien il est touché des bonnes et cordiales paroles qu'il vient de lui adresser. Il le remercie en particulier d'avoir eu l'aimable attention, en modifiant l'heure des offices, d'associer plus intimement les deux paroisses à la même fête et à la même joie ; il tient à ce que M. Marlier sache bien qu'il a été très sensible à sa présence à la cérémonie du matin, et plus sensible encore aux bons souhaits qu'il vient de lui adresser.

C'est ensuite le mot du cœur de Me Bouré, ancien paroissien et élève de M. le chanoine Ply ; mais quel mot, prononcé avec l'esprit pétillant, l'inspiration élevée et ardente, la langue artistique et rythmée de ses meilleurs plaidoyers ! Nous le citons dans toute son élégance :

Monsieur le Curé,

Dans la grande fête de vos Noces d'or, vous avez tenu à donner une large place à votre ancienne paroisse d'Essigny-le-Grand. Nombreuses en furent les personnes par vous invitées à y prendre part ; nombreuses également celles qui, de diverses manières, ou par leur présence ici, ou par des lettres pleines de respect et d'affection, ou même par une simple offrande, ont voulu s'associer à votre joie, à vos actions de grâces, à la splendide manifestation d'estime et de sympathie, qui se déroule aujourd'hui en l'honneur de vos cinquante années de sacerdoce.

Grand-Essigny ! Vous avez gardé de lui le meilleur souvenir Voici 22 ans déjà passés que vous l'avez quitté, et vous en parlez toujours — je le sais mieux que n'importe qui — avec douceur et émotion. Mille raisons pour qu'il ne s'efface point de votre mémoire, dont la plus importante, à coup sûr, est que là plus qu'ailleurs peut-être, vous avez connu d'abondantes satisfactions, et aussi des tristesses si profondes que, seul, le Dieu dont vous êtes le prêtre, a pu en connaître l'amertume, et seul a pu les consoler.

Essigny ! Me permettrez-vous, Monsieur le Curé, après tant d'aimables et justes paroles qui ont retracé votre vie sacerdotale, de fixer à nouveau, et pour un court instant, votre vision sur les 16 années que vous y avez vécu ?

Vous y arrivez en 1871. Vous lui apportez toute votre bonne volonté, c'est-à-dire les forces de votre âge viril, votre amour du travail, votre activité jamais lassée, votre enthousiasme, j'allais dire votre fougue dans le bon combat, et cette impuissance à désespérer qui demeure votre marque caractéristique, et qui vous a permis partout de mener à bien des projets irréalisables.

Aussi, quels résultats ! Une Association de Mères chrétiennes ; un Ouvroir ; un Catéchisme de persévérance ; une Congrégation de la Sainte-Vierge ; que sais-je encore ? Deux calvaires, élevés à peu d'années de distance, à chaque bout du pays, dans un magnifique concours de peuple et avec des fêtes qui furent, à mes yeux d'enfant, un spectacle inoubliable ; treize verrières instaurées dans l'église, et l'une d'elles due à votre générosité ; l'église elle-même rajeunie et parée comme d'une blanche robe de pierre ; un calorifère installé ; la fabrique enrichie ; son patrimoine reconstitué ; certains de ses biens retrouvés puis revendiqués entre des mains qui, sans vergogne ni remords, devançant d'un peu loin les lois d'attribution, prétendaient les garder comme propriété légitime ; enfin, et au-dessus de tout, plusieurs vocations ecclésiastiques suscitées et aidées par vos sacrifices personnels, et un élan de vie chrétienne intense communiqué à tout le pays : Voilà votre œuvre !

J'omets de dire, mais tout le monde ici devine aisément, que, pour la parfaire, vous avez... beaucoup prêché, fidèle au Pape avant la lettre, tour à tour déridant ou émouvant votre auditoire ; à la rencontre, lançant à pleine volée sur lui vos terribles boutades, et, au demeurant, l'intéressant toujours et l'instruisant.

Vers ces temps-là déjà, la parole vous semblait insuffisante. Vous prêchiez encore et vous combattiez par l'écriture. Dans les jours de lutte, le journaliste surgissait ; le polémiste « ravigotait », et ce lui était un malin et rude plaisir que de verser dans sa bonne encre de larges gouttes de citron. Dans les jours d'apaisement, vous rêviez d'harmonie ; vous révisiez ou composiez le le chant du nouveau *Propre de Soissons*, et vous édifiez votre grand ouvrage sur les orgues de Saint-Eustache, où s'affirme tant de science, que Mgr l'Evêque de Blois fit pour lui-même appel à votre concours, et vous remercia de votre compétence en vous conférant le titre de chanoine honoraire de sa cathédrale.

De son côté, Monseigneur de Soissons, en 1887, est heureux de vous confier une église plus importante. Il vous envoie à Saint-Martin de Laon. Quelle est la force du lien qui attache, à son insu parfois, le pasteur à ses ouailles, vous l'avez alors éprouvée. Ce n'est pas en vain,

Monsieur le Curé, que l'on a consacré ses meilleures années à tant de braves gens : l'heure de les quitter devient une heure douloureuse. Il nous souvient de votre dernier adieu, si ému, à la paroisse d'Essigny. Vous vous en êtes allé en promettant de ne l'oublier jamais.

Vous ne pouviez pas l'oublier. Vous vous y êtes créé, vous y avez conservé des amitiés qui vous sont précieuses. Et puis, vous y avez laissé trop de votre cœur. Me pardonnez-vous, Monsieur le Curé, si j'ose à nouveau faire retentir une note de mélancolie dans ce jour qui devrait, je le sais bien, rester tout à la joie, et qui n'est fait que pour le cantique d'actions de grâces ? M'en voudrez vous, ô très vénéré et très doux Ami, si, comme malgré moi, j'évoque les images de ceux qui portaient votre nom et votre sang ; qui, près de vous, à Essigny, goûtaient et vous donnaient la douceur de vivre ; que vous avez vu, l'un suivant l'autre, s'endormir dans le Seigneur, et que vous avez voulu qui reposent, à l'ombre d'une modeste croix, dans le petit enclos de terre bénite qui s'isole au milieu de la vaste plaine d'Essigny ?

Eh ! bien, Essigny s'est, lui aussi, souvenu. Aujourd'hui, il vous apporte le témoignage de sa fidèle affection. Ce matin, vous avez pu dire les prières divines dans le missel en tête duquel son nom et le vôtre furent associés et gravés. Maintenant, en cette salle de banquet, c'est encore au nom d'Essigny qu'il m'est infiniment agréable de vous adresser des paroles de félicitations et que je vais vider ma coupe en votre honneur.

A votre santé donc, Monsieur le Curé, et à votre prospérité ! Je suis certain d'être l'interprète de mes compatriotes qui sont ici, et de tous ceux qui, là-bas, vous ont connu, apprécié, aimé, en vous souhaitant de longs jours encore, pleins de calme et de soleil.

Monseigneur, Messieurs, vous agréerez ma très humble invitation à lever nos verres en l'honneur de Monsieur le Chanoine Ply, ancien Curé d'Essigny-le-Grand.

M. Cortilliot, en sa qualité d'un des fondateurs de l'École libre, avait été prié de parler en son nom. Il aurait décliné cet honneur, s'il n'avait écouté que ses souffrances physiques ; mais il n'écouta que son cœur, ne voyant que l'hommage à rendre à l'Enseignement libre, et à celui qui s'est dévoué et se dévoue toujours à son maintien dans notre bonne ville de Laon. Il prit la parole en ces termes :

Monsieur le Chanoine,

Le jour où fut portée la première atteinte à la liberté d'enseignement, à la liberté sacrée du père de famille — et cela remonte loin déjà — Mgr Baton, de vénérée mémoire, réunit quelques bons concitoyens et leur demanda de l'aider à sauver ce qui pouvait encore être sauvé de ces libertés. De ceux-là, trop peu nombreux, nous restons seuls aujourd'hui, vous et moi, Monsieur le Chanoine. C'est pourquoi, en l'absence regrettable de notre Président, je viens, au nom du Comité de l'École libre de Laon, saluer en vous le laborieux ouvrier de la première heure, celui dont le zèle ne s'est jamais ralenti, celui dont le dévoûment grandissait à mesure que les situations se faisaient plus périlleuses, celui qui, se sentant le défenseur du bon droit et de la bonne cause, n'a jamais douté du succès, et qui peut aujourd'hui, Dieu merci ! recueillir les fruits heureux de tant de travail, de tant de persévérance et de tant de sacrifices.

On accusait d'obscurantisme ceux qui ont sauvé des naufrages de la barbarie, l'histoire, les lettres, les arts des civilisations anciennes, ceux qui ont fait rayonner sur le monde les miracles de leur génie, ceux dont le nom est devenu le symbole légendaire de la science profonde et du travail inlassable ! C'est eux, à qui l'on doit à peu près tout ce qu'on sait aujourd'hui ; oui, c'est eux, qu'on accusait d'obscurantisme !

Vous avez répondu en ouvrant une école. Vous avez dit aux pères de familles : La liberté que l'on vous confisque ailleurs, vous la retrouverez chez nous ; nous lui offrons l'asile sûr où vos droits seront respectés, où vos enfants seront instruits, élevés, dirigés comme vous voulez qu'ils le soient, où leur conscience restera ouverte aux grands enseignements, à la doctrine traditionnelle, à la saine morale de la religion. Oui, on leur y parlera de Dieu, et ce sera leur parler de tout ce qui est l'accompagnement nécessaire, la conséquence directe et comme la floraison de l'amour de Dieu : l'amour de la Patrie, le respect des parents, la grande loi du travail ; on leur dira que les droits ne vont pas sans devoirs, et qu'il n'y a pas de plus grand crime que d'exercer une tyrannie au nom de la liberté.

Notre école, c'est cela ; et c'est bien ce que vous avez voulu qu'elle soit. C'est dans cette voie que vous l'avez constamment maintenue. Et si, aujourd'hui, elle est devenue trop étroite pour recevoir tous les enfants qu'on nous y amène, c'est parce que, sous une direction ferme, intelligente et dévouée, avec le concours de bons maîtres, vous avez porté loin le renom de l'École libre de Laon.

Que ne vous doit-elle pas personnellement, Monsieur le Chanoine ? Il y a eu des heures difficiles, quasi tragiques, vous le savez mieux que personne. Quels assauts ne nous a-t'on pas livrés ? Mais vous étiez là, et la brèche ouverte la veille était, le lendemain, solidement réparée. Tant et si bien qu'aujourd'hui vous pouvez être fier de votre œuvre.

Je ne froisserai certainement aucun de nos collègues du Comité en disant « votre œuvre ». Car tous savent que personne n'a, depuis plus longtemps, pris plus que vous une part plus active à notre commune entreprise. Ayant été l'un de ses fondateurs ; vous étant inscrit comme l'un de ses plus insignes bienfaiteurs, vous en restez l'âme. Et c'est au nom de tous, de vos collègues, des maîtres, des parents, de nos jeunes élèves des deux cours, que je vous remercie aujourd'hui de votre si précieuse, de votre si dévouée collaboration.

Nous pouvons nous rendre cette justice — et nous pouvons demander qu'on nous la rende — d'avoir sauvé à Laon, sur cette vieille terre de liberté, la première des libertés, celle du père de famille à son foyer, dans l'éducation de son enfant. Et voyez la force des sentiments et la magie des mots : C'est parce que nous avons évoqué ce grand principe de liberté, c'est parce que notre école est une école libre, qu'elle a pris ici cette grande place qu'elle occupe, qu'elle est entourée de tous les respects, et que, d'année en année, s'affirme la faveur dont elle est l'objet auprès des familles.

Pourquoi ? sinon parce que nous leur rendons, à ces bonnes familles, des enfants bien instruits, polis, dociles, respectueux, qui seront de bons travailleurs, de bons chefs de famille à leur tour, de bons citoyens et de bons patriotes, étant et parce qu'ils sont des chrétiens.

Voilà comment vous pratiquez l'obscurantisme, Monsieur le Chanoine ; voilà comment nous le pratiquons à vos côtés ; et nous pouvons sourire des traits qu'on nous décoche et qui, frappant sur les résultats que nous obtenons, tombent émoussés à nos pieds.

Cette œuvre, bonne entre toutes, vous nous aiderez

à la continuer, comme vous avez aidé à la fonder. Nous n'avons plus à vous demander votre concours; vos preuves sont faites; mais nous avons à reconnaître, à publier tout ce que nous vous devons ; nous avons à vous en rendre grâce hautement : et c'est le devoir bien doux que je remplis ici au nom de tous.

Oui, c'est au nom de tous qu'en ce jour solennel de votre Jubilé sacerdotal, je vous apporte, Monsieur le Chanoine, l'hommage respectueux et la profonde reconnaissance de l'Ecole libre de Laon.

C'est au tour de M. Desaint, vicaire de Saint-Martin, qui interprète les sentiments du clergé et des paroissiens, en quelques paroles pieuses, ingénieuses et délicates :

Monseigneur, Messieurs,

L'Église n'a rien trouvé de mieux pour chanter son action de grâces, que d'inviter toutes les créatures à s'unir à elle pour louer Dieu, l'auteur de tout bien.

Enfant de l'Église, ministre de l'Église, j'emprunterai son langage pour chanter mon hymne d'action de grâces, et me tournant vers les créatures qui entourent notre vénéré Jubilaire dans sa paroisse, je leur dirai :

Bénissez-le, Saints Anges de la paroisse, vous dont il a si bien secondé les efforts, les inspirations et le zèle.

Bénissez-le, temple de pierre, témoin de son zèle pour la beauté de la demeure divine.

Bénissez-le, vitraux pieux, qui racontez les miracles, les vertus et la gloire des saints, et dont le doux éclat illuminé par les rayons du soleil qui réjouit nos yeux, pénètre nos âmes de religion.

Bénissez-le, instrument d'harmonie qui chantez avec les anges les louanges divines, vous à qui il a prêté son cœur, sa poésie et sa piété.

Bénissez-le, vases sacrés, vêtements liturgiques, dont l'art, la magnificence et les pierreries rappellent la générosité du peuple de Dieu et le talent des coadjuteurs de Moïse.

Bénissez-le, saints et saintes, dont il a chanté les gloires, accru ou restauré le culte, honoré les reliques, embelli les chapelles.

Bénissez-le, pauvres et malades qu'il a visités, consolés, secourus, la nuit comme le jour, dans les hameaux les plus lointains comme dans les maisons les plus rapprochées de son presbytère.

Bénissez-le, enfants et jeunes gens qu'il a instruits, nourris du pain céleste, dirigés ou ramenés dans la bonne voie, conduits comme par la main.

Bénissez-le, chrétiens et chrétiennes de tout âge et de toute condition, qui lui devez votre persévérance dans le bien ou votre retour à Dieu.

Bénissez-le, prêtres qu'il a formés et donnés à l'Église et qui, dans les parvis éternels, s'associent à notre joie ou qui sont ici-bas l'ornement de notre diocèse.

Bénissez-le, esprits et âmes des justes qui êtes sortis de ce monde munis de sa bénédiction et qui, du haut du ciel, vous unissez à notre fête.

Bénis-le, paroisse de Saint-Martin, parce qu'il a fait en toi de grandes choses, et puisse son nom, uni à celui du Seigneur, rester en bénédiction dans toutes les générations de cette paroisse pendant de longs siècles !

Un vieil ami, un ancien condisciple de séminaire, M. l'abbé Vaendendries, curé de Mézières-sur-Oise, n'a pas voulu que la poésie n'eut point quelque petite place à la fête ; et il lit des vers composés surtout en l'honneur de l'artiste et du musicien qu'est M. le chanoine Ply. Le bon prêtre y a certainement mis tout son cœur et, dans ces conditions, sa manifestation ne peut-être que très touchante.

Monseigneur Péchenard se lève et dans une charmante, dans une exquise improvisation, il renouvelle au Jubilaire l'expression des sentiments personnels qu'il lui a déjà traduits le matin à l'Église.

Imitant la bouquetière dont parle saint François de Sales, il prendra quelque fleur dans chacune des allocutions qui vient d'être prononcées et, réunissant ces fleurs diverses, il en formera le bouquet qu'il offrira au cher et vénérable Jubilaire.

Les improvisations de Mgr Péchenard ne sont point de celles qu'on peut suivre au vol d'un stylographe et essayer ensuite de traduire. En pourrait-on jamais rendre la finesse d'intention, le ton paternel, la si bienveillante simplicité ?

Et bien ! un peu pour les mêmes raisons, nous ne pouvons pas non plus reproduire le texte des remerciements adressés à tous par M. le chanoine Ply. C'était tout son cœur que M. Ply laissait déborder ; c'était tout le bonheur qu'il avait goûté en cette inoubliable journée, bonheur qu'il faisait remonter d'abord à son Évêque qui lui avait donné de si douces marques d'affection, à ses confrères empressés, à ses paroissiens d'Essigny et de Laon unis dans les mêmes sentiments de respect et de reconnaissance.

Il les remercie comme il les aime.

La fête eût été incomplète, si l'on ne s'était réuni de nouveau à l'église Saint-Martin, qui bien vite se trouva, sinon comble comme dans la matinée, mais pleine, et pleine ainsi qu'aux jours des plus extraordinaires solennités. Il fallait redire, encore une fois, l'hymne d'action de grâces, en un Salut solennel donné par le Jubilaire. Car si, le matin, nous avions remercié Dieu des longs jours accordés à sa vie si pleine et si utile, ne devions-nous pas tous nous unir, le soir, pour chanter un *Te Deum*, le remerciant des douces émotions procurées à chacun de ceux qui avaient pris part à cette fête trop tôt finie au gré de tous ?

Les jeunes aveugles de l'Institution Notre-Dame furent, à l'office du soir, les interprètes de toute l'assistance dont Sa Grandeur, Monseigneur l'Évêque de Soissons, était encore le plus auguste ornement. Elles ont exécuté divers motets au Saint-Sacrement et à la Sainte-Vierge avec entrain et avec un ensemble parfait. Alternativement avec M. Juville, elles ont fait revivre, pour un moment, la belle prose laonnoise : *Quid Deo retribuam ?* retrouvée, nous dit-on, dans un manuscrit de la bibliothèque musicale de l'érudit Jubilaire.

Après la bénédiction, M. le chanoine Ply s'avance

à la barrière du sanctuaire et, de sa grande voix qui porte jusqu'aux extrémités de l'Église, il jette un dernier mot sur la foule qui l'emplit :

« Mes très chers Frères, s'écrie-t-il, mon cœur déborde de joie et de reconnaissance, à la fin de ce beau jour ; et vous m'autoriserez à épancher dans les vôtres les sentiments qui s'y pressent, avant de quitter le temple qui fut témoin de vos chrétiennes et sympathiques manifestations. Merci ! dirai-je à tous ceux qui m'entendent, merci de ces témoignages d'affection et de respect que vous m'avez prodigués à l'occasion de mes noces d'or sacerdotales. Ils me sont un encouragement, toujours agréable, souvent utile et quelquefois nécessaire au prêtre qui a charge d'âmes, au curé d'une paroisse, surtout dans les temps troublés comme le nôtre.

Vous vous souvenez de la réunion plénière de l'épiscopat français, tenue à Paris, lors de la séparation de l'Église et de l'État. La dernière assemblée convoquée sous les voûtes de Notre-Dame, avait attiré dans l'antique basilique une foule de chrétiens dont le recueillement disait la religieuse sympathie, et l'éloquent orateur, Monseigneur l'Évêque de Montpellier, transporté à la vue de cette multitude, pouvait s'écrier : « Aujourd'hui un nouveau concordat a été signé entre l'épiscopat et le peuple français. » Je ne vous parlerai pas de concordat, Mes Frères, car entre vous et votre curé aucun engagement n'a été violé, ni d'un côté ni de l'autre. Mais laissez-moi vous dire qu'un nouveau lien a été créé aujourd'hui, qui m'attache à vous pour toujours, et qu'aucun désir ambitieux, — sauf celui du ciel, — ne pourra nous séparer désormais.

A vous je veux appartenir ; à vous je donnerai les jours que Dieu me réserve sur la terre ; à vous mon esprit et mon cœur ; à vous toutes les forces de mon être tant que je pourrai penser, tant que je pourrai aimer, tant que je pourrai me dévouer.

Dans les monastères, les religieux qui, après cinquante ans de profession, ont célébré la fête de leur jubilé, sont dispensés de tout ce que la règle impose de pénible. Mais leurs noces d'or ne sont pas celles que vous m'avez faites ; mais les curés ne sont pas des moines ; mais, dans une armée, comme la nôtre, est-ce au jour où les rangs s'éclaircissent que les vétérans songent à la retraite ?

Oh ! que j'aime mieux imiter saint Martin. Accablé sous le poids des fatigues, des ans et de la maladie, il disait, quelques heures avant de mourir : « Si je suis encore nécessaire à votre peuple, Seigneur, je ne refuse pas le travail. » Des paroles de notre saint patron, Mes très chers Frères, je veux faire ma devise. A la vie, à la mort, je veux être à vous. Mais pourquoi ne pas aller plus loin ? A la vie, à la mort et dans l'éternité bienheureuse où, je l'espère, nous nous rencontrerons tous un jour. »

On ne pouvait mieux clore cette cérémonie humblement conçue d'abord, mais qui, sous l'impulsion de généreux sentiments, avait pris les proportions d'une fête publique.

Cependant l'orateur avait à peine cessé de parler que, du haut de la tribune du grand-orgue, descendait un chant, une prière, une cantate — comment dirons-nous ? — une hymme composée pour la circonstance et exécutée par les artistes qui chantaient si bien tout-à-l'heure en l'honneur de la Sainte-Vierge et de l'Eucharistie.

Nous n'en redirons que le refrain qui contient tous nos vœux.

Eglise Saint-Martin, tressaille d'allégresse !
Fille de saint Norbert, recouvrant ta jeunesse,
Célèbre ton pasteur, chante ses noces d'or.
A l'appel de Jésus il se montra fidèle,
Et pour toi, vingt-deux ans, il dépensa son zèle.
Dieu soit loué par lui longtemps, longtemps encor.

Enfin, le clergé rentra solennellement à la sacristie, où le Jubilaire reçut encore les félicitations de ses paroissiens, de ceux qui, le matin, n'avaient pas même pu lui serrer la main. Et cela dura longtemps, longtemps encore, pendant que Monseigneur et MM. les ecclésiastiques admiraient les cadeaux tout-à-fait de circonstance que l'amitié ou la reconnaissance avaient offerts à M. le Chanoine Ply.

Nous conclurons en disant avec la *Semaine religieuse* : « Rarement fête nous a paru plus belle, plus complètement réussie et plus capable de laisser dans les âmes le sentiment de la dignité du prêtre et des éminents services qu'il est appelé à rendre dans notre société qui, malheureusement, ne le comprend plus assez ».

Il y a une conclusion plus touchante encore : c'est le MERCI que les *Echos de Saint-Martin* adressent, sous la signature de M. le Chanoine Ply, à tous ceux qui l'ont entouré de leur affectueux respect au jour de ses *Noces d'or,* merci qui est l'expression vibrante d'une âme qui sait se souvenir, et que nous sommes heureux de faire parvenir à tous nos lecteurs. Pour être la dernière, ce ne sera pas la moins savoureuse des pages consacrées au récit de ces fêtes inoubliables. Ce sera pour eux comme le parfum d'une fleur qui, après un jour de pluie, ouvre plus large sa corolle et répand plus généreusement et plus loin son agréable arôme.

*
* *

Aucun de mes paroissiens ne s'étonnera de trouver, en tête de nos *Echos de Saint-Martin,* l'hommage de ma reconnaissance, à l'égard de tous ceux qui ont pris une part quelconque à la fête organisée en notre belle église, pour célébrer mon jubilé sacerdotal. La situation du clergé en France et mon peu de mérite, surtout, me défendaient d'espérer cette grandiose et splendide manifestation, dont le prêtre a été l'objet en mon humble personne.

Il est vrai que la présence du premier pasteur du diocèse, dont l'apostolique parole et les paternelles bénédictions apportèrent de si grands rehauts à la cérémonie, était bien faite pour attirer, autour du vieux curé, l'unanimité de la paroisse, à laquelle vingt-deux ans de ministère l'ont attaché.

C'est pourquoi mon cœur, naturellement, se tourne d'abord vers Monseigneur l'Evêque de Soissons, pour lui adresser le religieux hommage d'une profonde reconnaissance.

Tous mes chaleureux remerciements à Monsieur l'Archiprêtre de Vervins que l'amitié a conduit dans la chaire, pour l'édification de la nombreuse assistance qui se pressait autour d'elle. Je lui adresserais bien un reproche pourtant, celui de s'être laissé aveugler sur ma valeur et mes mérites. Mais quand c'est le cœur qui parle, il a droit à toutes les indulgences, et je ne me sens point le courage de lui dire autre chose que : merci.

Merci encore à M. le Vicaire général, à M. l'Archiprêtre et à MM. les Chanoines de Soissons, qui ont fait escorte à leur Évêque bien aimé, pour me témoigner leur estime, tout en embellissant notre solennité.

Merci à tous mes confrères du doyenné de Laon qui m'ont apporté ou envoyé leurs félicitations et leurs vœux, que M. l'Archiprêtre a bien voulu traduire en son langage aussi élégant que délicat.

Merci à tous mes confrères du diocèse et des diocèses voisins, que le devoir a retenus loin d'ici ; mais dont l'esprit et le cœur étaient avec nous, pour rendre grâce à Dieu qui avait fait ce beau jour.

On me permettra bien d'adresser un merci spécial au clergé de la paroisse et particulièrement à M. le vicaire de Saint-Martin qui, avec un zèle au-dessus de tout éloge et au prix de fatigues que son dévouement l'empêcha de ressentir, a préparé, organisé et dirigé tous les détails de cette inoubliable solennité. Si j'étais David, je l'appellerais mon Jonathas.

Merci à MM. les membres de la Comission de contrôle et aux dames qu'ils se sont adjointes. Dans la circonstance, ils m'ont donné à contrôler leur attachement à l'Eglise et à son représentant immédiat dans la paroisse. Pour être juste, je dois avouer que je n'attendais point les pièces justificatives qu'ils m'ont abondamment fournies, sans aucune réquisition préalable de ma part. Quel service ne rendent pas au prêtre trop facilement découragé par les tièdeurs d'aujourd'hui, les valeureux chrétiens qui ne craignent point d'affirmer publiquement leur respect pour son sacerdoce et leur estime affectueuse pour lui ! Merci, encore une fois, merci !

Comment pourrais-je oublier dans l'expression de ma reconnaissance l'*Union Chorale,* son chef distingué et les artistes groupés autour de son talent ? Leur démarche à tous m'a trop doucement impressionné, en même temps que leurs accords ont donné trop de lustre à notre cérémonie, pour que je les passe ici sous silence. Mais leurs suaves harmonies se déroulaient dans une église parée des plus belles fleurs et rayonnante de joyeuses lumières. Merci donc aux mains délicates qui, animées par le dévoûment au pasteur, autant peut-être que par *le zèle de la beauté de la maison de Dieu*, avaient préparé un cadre splendide à la fête que nous avons célébrée.

Merci aux âmes pieuses qui, la veille, cinquantième anniversaire de mon ordination sacerdotale, à l'heure même où l'onction sainte me faisait prêtre, se sont approchées de la sainte table, pour y recevoir des mains de leur curé, le Dieu de l'Eucharistie.

Merci aux aimables paroissiens et paroissiennes venus l'après-midi pour me présenter leurs félicitations et leurs vœux et m'offrir, au nom de Saint-Martin et d'Essigny-le-Grand, ou en leur nom personnel, les riches cadeaux auxquels tous avaient mis sinon l'habilité de leurs mains, du moins la générosité de leur âme ; mais particulièrement à l'ami que le droit d'aînesse désignait pour prendre la parole, en cette intime réception, et dont le cœur a trouvé si facilement le chemin de mon cœur.

Et maintenant ne vais-je pas me trouver à court d'expressions pour remercier la foule qui se pressait, le dimanche 10 octobre, dans l'immense église de Saint-Martin ? Y a-t-on jamais rencontré un tel concours ? S'y est-on jamais trouvé à pareille fête ? Depuis le jour où l'église fut rendue au culte, semblable cérémonie ne s'y était point vue, c'est certain ; mais l'affluence y fut-elle jamais aussi considérable ?

Le sanctuaire était occupé par le clergé : dans le transept s'entassaient, à qui mieux mieux, les enfants des deux sexes dans l'espace laissé libre par les dames ; le chœur réservé aux hommes n'avait point assez de stalles pour que chacun y pût trouver sa place ; aussi ces messieurs, en grand nombre, avaient-ils dû se réfugier dans les nefs, où les religieuses de la Providence, de l'Hôpital, de l'Hospice de Montreuil et les sœurs du Bon Secours se trouvaient mêlées à la multitude. Les bonnes sœurs de la Sagesse se contentèrent de la tribune, d'où leurs élèves aveugles firent descendre, au salut de l'après-midi, les chants de leurs pieuses voix, sur une assemblée moins nombreuse que celle de la matinée, mais encore considérable et toujours édifiante. A tous ceux qui m'ont environné de leur sympathie, aux enfants et aux vieillards, aux jeunes gens et aux jeunes filles, aux riches et aux pauvres, aux religieuses et aux dames du monde, aux catholiques fervents et aux indifférents qui ont retrouvé, pour la circonstance, le chemin de l'Église, à ceux que j'ai nommés et à ceux que j'aurais oubliés, j'envoie du fond de mon cœur le plus reconnaissant merci.

Lorsque les époux célèbrent leur cinquantaine de mariage, on dit vulgairement qu'ils se *remarient*, et il paraît qu'alors, sous la glace des ans, se renouvellent les honnêtes ardeurs de la jeunesse disparue. La célébration de mon jubilé sacerdotal a créé entre le pasteur et le troupeau un nouveau lien, ou plutôt consolidé celui qui existait déjà, tout en ranimant dans mon cœur de prêtre la ferveur première d'un zèle qui vous est, depuis longtemps consacré. Empruntant donc, pour un pacte nouveau, la vieille formule que les rituels français mettaient autrefois sur les lèvres des époux, au jour de leurs noces, je vous dirai en finissant : « Je vous jure, par la foi que je dois à Dieu et sur ma part de paradis, que je vous serai fidèle curé, et que je vous assisterai de mon pouvoir en toutes vos nécessités, tant qu'il plaira à Dieu nous laisser ensemble. »

Daignent tous mes chers paroissiens trouver dans cet engagement le témoignage sincère de ma religieuse reconnaissance.

LAON. — IMPRIMERIE DU *Journal de l'Aisne.*

www.ingramcontent.com/pod-product-compliance
Ingram Content Group UK Ltd.
Pitfield, Milton Keynes, MK11 3LW, UK
UKHW020947180726
13838UKWH00003B/1178